小学校英語 わいわいガヤガヤ玉手箱

編著　菅　正隆

開隆堂

はじめに

　平成20年3月28日，学習指導要領が改訂され，日本で初めて小学校に外国語活動が導入されました。これに対する小学校の先生方の受け止め方は，「寝耳に水」，「なぜ小学校で英語をやらなければいけないのか」，「英語以上にやるべきことが山積みなのに」，「英語は中学校からで十分だ」，「英語より国語が大切だ」，「導入の意図がよく分からない」などの否定的なものから，「導入は歓迎するが，財政的な支援が不十分」，「もっとスキル（「聞くこと」「話すこと」）に特化すべきだ」，「時間数が足りない」，「高学年からではなく，低中学年から開始すべきだ」など，導入自体に賛成でも，内容や条件面で満足いかないというもの，「待ってました」，「よくぞ導入してくれた」，「導入の意図がよく分かる」，「今の子どもたちの課題に則した目標や内容だ」など，満足しているものまで，千差万別です。まさに，100人いれば100通りの考え方があるのが，今の外国語活動に対する考え方だろうと思います。また，保護者や一般の方々の中には，「小学校に英語が入り，子どもたちが英語を話せるようになる」と思われている方々から，「英語の専門でない小学校の先生方が英語を教えて大丈夫かしら」と不安を抱いている方まで，こちらも様々です。このままでは，「総合的な学習の時間」で実施されていた英語活動と同様，学校や地域によって温度差や格差が広がり，外国語活動が本来の趣旨を理解されないままにねじ曲げられ，立ち行かなくなる状況に至ることさえ考えられます。これでは，子どもたちのためには決してよい結果とはなりません。そこで，本書では，導入に至るまでの経緯や本来の外国語活動の目標などを具体的に提示し，外国語活動の本来のねらいを理解してもらおうと考えました。それは，あるひょんな会話から始まりました。

　学習指導要領が導入された同じ年の平成20年に，昨年に引き続き，独立行政法人教員研修センター主催の「平成20年度小学校における英語活動等国際理解活動指導者養成研修」（四国・九州ブロック）が熊本で11月に開催されました。5日間の研修を終え，帰途に着く車中での会話です。

菅　　今回の九州も，昨年（福岡）同様，すごく盛り上がったね。
梅本　そうですね。九州はいつもすごいですよね。
直山　確かに。でも，なんか盛り上がりすぎてお祭りみたい。
兼重　なぜですかね。他のブロックとは大分雰囲気が違いますよね。
（このブロック研修は，北海道・東北ブロック，関東・甲信越ブロック，東海・北陸ブロック，関西・中国ブロック，そして四国・九州ブロックに分かれて実施された。）
菅　　もともと，四国・九州は英語活動が積極的に行われていた地域だからかな。
梅本　まあ，四国にはイケメン兼重先生がいますからね。
直山　そうね，韓国猫を飼っている兼重先生は国際通だし。
兼重　へ～，何ですかそれ。
　　　などと，たわいのない話で盛り上がっている中，
菅　　しかし，このままでいいのかな。
梅本　と言うと？
菅　　盛り上がるのはいいけど，マイクロティーチングを見ていると，どうもショート・コントだったり，学芸会の一場面だったりしていない？
直山　そうよね。本当に学習指導要領の目標にあった指導になっていないみたい。
菅　　そりゃそうかも。梅ちゃん（梅本先生の呼び名）のデモンストレーションを見たら，みんなかくし芸大賞のように思ってしまう。
梅本　そりゃ違います。欽ちゃんのかくし芸大賞はもっと大変です。
直山　また始まった。梅本先生，欽ちゃんのかくし芸大賞で入賞したんだもんね。
梅本　いえ，準優勝です。
菅　　だから，みんなパフォーマンスのように思ってしまう。みんながみんな，梅ちゃんのような授業はできないよ。
直山　そりゃそうよ，兼重先生のように寡黙な先生もいる。
兼重　皆さんが騒がしいから，僕が入り込めないだけです。

直山　だから，携帯の韓国猫ばかり見ているのね。
菅　あ！
梅本　な，な，何ですか。また，仕事ですか？
菅　『英語教育ゆかいな仲間たちからの贈りもの』（日本文教出版）って本，知ってる？
梅本　知ってます，知ってます。持ってます。あれ，いいですよね。
菅　あれは，中高の英語の先生方へのメッセージの本なんだ。今度は，同じような作りで，小学校の先生方や一般の人へのメッセージになる本を作らない？
直山　うっひょー，いいね〜。
梅本　兼重先生，どうします。また，菅先生の厳しい原稿取立てが始まりますよ。
兼重　げ！
菅　大丈夫。座談会形式にしよう。その方が，具体的に分かるし，いろいろな事に触れられるから。
兼重　いいですね。でも，司会者は？
直山　それは，1人しかいないでしょ。日本一の褒め上手，世界一の太鼓持ちとくれば。
梅本　蛭田先生ですね。

（後日談ではあるが，この時，蛭田先生は大阪府八尾市の自宅で，秋刀魚を焼きながらクシャミをしていたとのこと。）

　かくして，本書『小学校英語わいわいガヤガヤ玉手箱』が刊行される運びとなりました。

　本書が，小学校の先生方への温かいメッセージとなり，保護者への正しい理解を促し，そして，子どもたちが楽しい外国語活動を体験しながら，コミュニケーション能力の素地を日々身に付けていくことを期待しています。

平成 21 年 7 月吉日

菅　正隆

目次

はじめに   2

第1章　小学校外国語活動ビフォー・アンド・アフター：ビフォー

    1　小学校外国語活動導入への経緯　　　　　8
    2　なぜ，小学校に外国語なのか　　　　　　25
    3　学習指導要領の改訂　　　　　　　　　　39
    4　移行期間にすべきこと　　　　　　　　　49

第2章　小学校外国語活動ビフォー・アンド・アフター　アフター

    1　カリキュラムの作成　　　　　　　　　　60
    2　保護者への説明と保護者の理解　　　　　65
    3　『英語ノート』の使い方　　　　　　　　73
    4　ICTの活用　　　　　　　　　　　　　　78
    5　外国語活動を担任が担うわけ　　　　　　88
    6　外国語活動で注意すべき点　　　　　　　93
    7　評価の在り方　　　　　　　　　　　　　96
    8　研修の在り方　　　　　　　　　　　　102
    9　低・中学年の取り扱い　　　　　　　　110
    10　文字の取り扱い　　　　　　　　　　　115
    11　小中連携　　　　　　　　　　　　　　118
    12　外国語活動で気になる点　　　　　　　126
    13　外国語活動に対する想い　　　　　　　139

第3章　わいガヤエッセー

小学校に英語がやってきた。ついでに○○○までもやってきた
　　　　　　　　　　　　　　　　　　　　　　　菅　　正隆　146
菅一座，今日も視界は良好！　　　　　　　　　　蛭田　　勲　154
玉手箱，開けてみれば元気のもと　　　　　　　直山木綿子　162
ゆかいな仲間たち　　　　　　　　　　　　　　梅本　龍多　170
日々修行〜私のこれまで，これから，そしてメンバーの方々
　　　　　　　　　　　　　　　　　　　　　　　兼重　　昇　177

おわりに　　　　　　　　　　　　　　　　　　　　　　　185

第1章

小学校外国語活動ビフォー・アンド・アフター

ビフォー

1. 小学校外国語活動導入への経緯
2. なぜ，小学校に外国語なのか
3. 学習指導要領の改訂
4. 移行期間にすべきこと

1. 小学校外国語活動導入への経緯

司会（蛭田） 平成20年3月28日に，小学校に外国語活動が導入されることが正式に決まりましたが，菅先生，ここに至るまでの流れとご苦労を話していただけますでしょうか。

菅 小学校に外国語活動が導入されたことについて，一般的に考えますと，2～3年で決まったのかな，あるいは中央教育審議会が動き出してから決まったのかななどと考えますが，実は長い経緯をたどっています。昭和61年4月の臨時教育審議会（臨教審）の答申の中に，「日本の中学校，高校の英語教育があまり効果を上げていないのではないか」というような話が出てきます。従来，英語教育の導入は中学校からですが，この時が，その導入期を考え直してはどうかという意見が出てきた最初の時期になります。

　その後，昭和から平成の時代になり，学習指導要領が大きく変わり，高等学校のカリキュラムにオーラル・コミュニケーションという科目が導入されました。このように，平成の時代になってから，特に「聞くこと」，「話すこと」のコミュニケーション能力を向上させなければいけないという意見が大勢を占めるようになったのです。

　小学校に関しては，先ほどの臨時教育審議会の答申を受けて，平成になり全国に研究開発学校ができてきます。また，様々な審議会を経て，教育課程上では，第1弾として「総合的な学習の時間」の中で，平成14年度から，「国際理解の一環としての外国語会話等」を行うことができることとなり，全国で様々な取り組みが始まりました。

　しかし，学校あるいは地域によって英語活動の取り組み方が様々であり，小学校の英語活動が中学校に良い効果をもたらすとよいのですが，逆に中学校の英語教育に多大な障害をもたらしているのではないかという意見も

あって，中央教育審議会の外国語専門部会が他の専門委員会よりも早くスタートし，十数回の論議を重ねながら，導入へ動いたという経緯があります。

司会 そこへ到るまでに，いろいろ圧力がかかったと思うのですが，そこにうまくソフトランディングするまでの先生の一番のご苦労にはどのようなことがありましたか。

菅 今，司会者の蛭田先生のお話にもあったように，小学校英語賛成派といわれる方や，逆に，「小学校に英語を入れるよりも，国語力をもっと向上させなければ，言語力は伸びない。英語は中学校からでよい」という意見もあって，10人いれば10人の考え方があり，それらの意見の調整にかなり苦労しました。

司会 では，導入にあたって，「聞けるようにする」「話せるようにする」などというスキル重視の考え方がある一方，関心，意欲，態度の向上を図る考え方があったかと思います。そこで導入に際しての趣旨について，ここで教えていただけないでしょうか。

菅 先程お話ししたように，導入には22年かかったのですが，それ以前に「総合的な学習の時間」の中で，それぞれの地域，学校で様々な取り組みがなされてきました。その辺りのことをそれぞれの方々にお話しいただくとよく見えてくると思います。

司会 そうですね。それではまず梅本先生にそういう経験を踏まえてこれまでの取り組みについてお話しいただけますでしょうか。梅本先生は研究開発学校の天野小学校で10年以上，授業も数百時間くらいされたし，いつも豪

語しておられますが。（笑）

梅本　はい。国の研究開発学校は、平成6年度に大阪市の小学校や真田山小学校などで、教科としての「英語」として始まりました。当時の指定は3種類ほどあり、教科「英語」を研究しているところ、国際理解の一環として「英語」を研究しているところ、クラブでやっているところと、様々なものがありました。

　そんな中で、私たちの学校は、第2弾として平成8年度から各都道府県に1校ずつ研究開発学校を指定した時に、研究開発学校になりました。小学校での「英語」は、まだ教科になるのか、「総合的な学習の時間」の中にあるものなのかわかりませんでした。

　そこで私たちは、たぶん教科になるであろうと予想し、教科として研究を始めました。しかし、それまでに教科としての研究が行われている学校はなく、どうしてよいのかわからない状態で、ALTに頼ったり、自分たちの手作りの教材や教具をいろいろとつくり始めました。

　しかし、自分たちでつくるということで、統一感がなく、好き勝手につくっていましたから、ばらばらになっているという問題が起こってきました。

　平成8年度の途中で、中教審の中で、「総合的な学習の時間」の中に英語が取り入れられると聞きました。そこで、我々も国際理解の一環としての

第1章　小学校外国語活動ビフォー・アンド・アフター：ビフォー

英語活動のあり方を追究していくことになりました。

司会　また後でご苦労などをお聞きしますが，直山先生は，もともとは中学校の英語の先生だったのですが，京都市の教育センターの中に入られて，小学校での英語が形づくられる前から，研究員として研究され，小学校にも入っておられました。初期の頃，どのような取り組みが現場でなされていたのかということをお話しいただければと思います。

司会　●●　勲先生

直山　京都市は平成6年度から，研究課というところで小学校英語の研究が始まり，平成8年度からカリキュラムづくりをし，私が10年度に教育センターに寄せてもらい，一緒にカリキュラムづくりをしてきました。

　私は中学校の英語の教師で，小学校英語を全く知らなかったので，実際に小学校へ行かせてもらって，小学校で授業をしてみました。そのときは自分の中に，小学校の先生がなぜ英語を教えるのだろうと大変疑問があったので，私が主導権をすべて握って，自分でプランを立てて授業をしていました。

　でも，やはり自分は中学校の英語の教師だったので，中学校の授業みたいになってしまう。そのことに対して，小学校の先生からも「こんなものが小学校英語なのですか」と言われたことがあります。しかし，とりあえず小学校の授業をしながらカリキュラムをつくっていくという作業を3年間ほどやっていくと，「ああ，担任の先生が入っていかないといけないのだな」と感じて，担任の先生が入れるようなカリキュラムづくりに変えていきました。

菅 　私も，大阪府の教育センターに勤務している頃，様々な小学校の授業実践を見にいきました。しかし，どうも理解できないのです。「ゲームをやって楽しい」など，私の目にはお遊びのようにしか見えないのです。これで子どもたちにどういう力が育つのかという視点が見えない。授業を見学に来ている方々の多くも，「これの目的は何？」，「こういうことをすることによってどういう力がついていくのか」というのが見えない。「これはただの遊びじゃないの？」という先生方も現れたりして，非常に私自身も悩んでいました。研究開発学校の天野小学校を見ていると，非常に活発なのですが，言葉遊びをしているようにしか見えない。それでよいのか。あるいはもっと進むべき道はあるのか。研究開発学校もまだ悩んでいたと思うし，一般の学校も，ALTに全部任せているとか，民間の方に任せっぱなしとか，教育としての英語活動は本当にこれでよいのかと，かなり悶々と悩んでいた時期がありました。

直山 　菅先生は，たくさん学校を見てこられましたが，私は反対に，そういうたくさんの学校を見ていなかったのです。京都市の近くでは，やっているところがなかったのです。それで，自分の授業と，後は学会へ行くしかなかった。

　学会での授業のビデオは児童英語の授業だったのです。私はその授業を

第1章 小学校外国語活動ビフォー・アンド・アフター：ビフォー

ビデオで見たときに，「あ，中学校英語の授業だ」と感じたのです。ゲームをやっているわけではなくて，パターンのリピートをさせている。自分もそういう授業に陥っていて，小学校の先生から，「直山先生，これは私たちが中学校で受けた授業みたいなんだけど」と言われ，「え？」と言っていました。その私立の小学校での授業のビデオを見たときに，はっと感じ，「本当だ，中学校の英語をやっている」と思ったものです。

菅 そのような学校も，もちろんあると思います。私が見てきた学校は，本当に楽しそうに授業をしていました。しかし，それが中学校につながらないのです。中学校に入ると，授業はやっぱり「おもしろくない」となってしまいます。そのギャップが大きいわけです。やはり小中の接続とか，カリキュラムの一貫性を考えなければいけないと思います。

しかし，梅本先生の天野小学校の授業を見ると，小学校で独自にカリキュラムを組んでいるわけです。その後，天野小学校は中学校との関連を模索し始めます。そして，たくさんの興味深い内容や指導方法を生み出します。その辺は梅本先生にお伺いしたいのですが。

梅本 小中連携という話が出てきましたが，私たちの研究の初めの段階では，中学校との接続という視点はまったくありませんでした。まず，優先順位が全然違うのです。最初の優先順位は，小中連携ではなく次の授業で何をするかなんです。極端な話，授業の目標をはっきり明文化する前に，「あした授業が3学年もあるよ」とか，「3年生何する？」と授業実践が先行したこともあったわけです。

だから，最初に，まずどんな活動をさせるか。3年間くらいは完全に後追いカリキュ

梅本 龍多先生

ラムです。やってからねらいがはっきりするとか。どういうねらいがいいのか，やるまでわからないし，だれも教えてくれない。それは自分たちでやることですから，自分たちで考えていかないといけない。

かといって考えぬいたつもりで授業をしても，参観者の目にはすべて遊びに見えてしまう。6年間遊ばせるというのはすごく難しいんです。だから，同じゲームをやっていてもいろいろと工夫が必要で，もちろん学年に応じて変えないといけない。その辺りで，我々が英語の授業の中でどんなことができるか，遊び感覚をどう生かすのかというのを磨いていったと思います。

遊びの授業との批判はたぶんにあったのですが，子どもがいきいきと活動するような遊びを考えるだけでも大変なのです（笑）。

司会 宇宙のビッグバンみたいなもので，一度爆発した後，時間がたって，ようやく鎮静化して，形ができてきているという感じがするのでしょうね。

兼重先生にお聞きしたいのですが，梅本先生あるいは直山先生のお話を聞いて，先生は大学の教員として，その動きを大学のほうからどのように眺めておられましたか。

兼重 最初にお話があったように，「総合的な学習の時間」という枠組みができていたので，どういう人がサポートに入るのか，運営されていくのかというときに，当初は「総合的な学習の時間」のカリキュラムの専門の先生が入っていかれたという経緯がありました。

その後に，今度は小学校英語というのも，英語教育の人たちが入り始めたのですが，やっぱり英語教育の人間からすると，英語教育の視点から離れられない。実際に大学の中で子どもを対象にした言語習得とか，第二言語を研究している方は実はとても少なくて，その当時は効果的に指導でき

第1章　小学校外国語活動ビフォー・アンド・アフター：ビフォー

る方が恐らくとても少なかったのではないかと思います。

　ALTの方やネイティブ・スピーカーの方に頼ると，彼らが，自分たちが受けてきた学習とか，それからTESOL（多言語話者に対する英語教育法）を勉強してきた中で学んだ活動を取り入れていく。それから，私学の児童英語の方々に助けを求めていくというのは，流れとして1つあったのかなと思います。

　サポートに関しても，大学のほうで公開講座をよくやっていましたが，結局自前で何かができるのではなくて，梅本先生に来ていただいたりとか，私学の方に来ていただいたりとか，児童英語の専門の方に来ていただいて活動を紹介していただくというのが現実でしたので，小学校をベースにして，何か新しく動きが出てきたというのは随分最近になってからのことだと，大学としては感じます。

菅　その辺が混沌としていたということは，当然過程としてあっていいことだろうと思います。残念なのは，小学校の先生方あるいは学校が主体的に活動に取り組むというよりも，ネイティブ・スピーカーや地域の人あるいは民間に丸投げしてしまったということが，この学校間のデコボコ（回数の違いや指導方法の違い）をさらに大きくしてしまったと思います。ただ，一過性のもので，通過点なので，そういう時期もあっていいのかなとも思います。

　では，どういう力を子どもたちにつけさせればよいのか。これもまた梅本先生の学校の話ですが，同じ中学校区で天野小学校ではずっと英語活動をやってきている。もう一方の小学校，つまり高向小学校ではそれほど英語活動に取り組んでこなかった。この2つの小学校が同じ中学校へ入学するとどうなるのか。そこのデータが非常に興味深いんです。

司会 梅本先生，その辺のデータを教えてください。

梅本 私の思ったような成果は中学校では出なかったのですが，さすがに入学当初の1学期は，小学校で「やっている」，「やっていない」の大きな違いがありますから，リスニング能力は全然違いました。天野小の子どものほうが高い。使える言葉もたくさん持っていましたし，活動にも慣れていた。もう全然違いました。

　ところが，2学期以降は，やっぱり学習意欲が影響しますよね。特に天野小の子は学習意欲の維持が非常に難しくなってきて，1年生の2学期くらいにドンと落ちるのです。その落ち方は非常に大きいのですが，その後で，高向小の子も天野小の子も，新しく学んだことについては能力的にはほとんど変わらなくなりました。

司会 天野小学校の子がぐんと落ちることに関して，小学校としては分析されましたか。

梅本 やはり小学校から始めると，得意な子と，苦手な子と，個人差が生まれてきます。その子ごとに授業のニーズが違ってくるわけです。遊んでいる子どもはもっと知りたい，しかし，苦手意識のある子は少しずつやっていきたいというニーズの違いに中学校では対応できなかったということです。

司会 直山先生，そのようなことは京都市でも起こっていますか。2つの小学校で温度差のある活動をしている子どもたちが1つの中学校へ入っていく。そのときに，今のような現象が起こってくるのでしょうか。

直山 小学校で英語活動を楽しくやったがために，中学校に入って，「え？　こ

第1章 小学校外国語活動ビフォー・アンド・アフター：ビフォー

んな授業なの？ 何か違うな」ということで，意欲が落ちるというのは，今，梅本先生が言われたことにも納得するし，京都市の中学校でも出ています。

直山 木綿子先生

小学校で英語活動をやってきた子とやってきていない子がいたときに，やってきている子は語彙数が多く，リズム感がとてもいいということと，先生が英語で挨拶したり，英語で何かやることに抵抗感がなく，最初にものすごく乗りがいいというのは，中学校の先生から伺います。

しかし，やっていくうちに，今までの中学校英語の学習スタイルでは子どもたちが意欲を失い始めるのです。何か小学校とは違うなと感じるのです。

菅　それは，小学校の責任ではなくて，中学校の英語の先生方が小学校の関心，意欲を引き継ぎながら向上させていないという面があるわけです。

しかし，中学校は中学校で，今までの英語教育の歴史があって，そう簡単には転換できない。だから，小学校も悶々としているという話も聞きますが，中学校でもやはりいろいろな子どもたちが入ってきて，どう対応してよいのかわからないというのが事実だろうと思います。兼重先生，この点はいかがですか。

兼重　実際に中学校の先生方のお話をお伺いすると，法令上は，小学生は学んでいないことを前提にしているわけです。それは，附属中学校であったとしても，入試には英語のテストはありません。塾でやっている子は別としても，やっていないことを前提にやらなければいけないというのが中学校の考え方だと思います。

ですから，そこの段階で小学校で経験した子どもたちは，「自分はもうやっているからいいや」と思って，夏休みを過ぎて気づいたら，いつの間にか逆転していて，逆に小学校のときの楽しかったイメージのほうが強くなって，中学校のしんどさに耐えられないということもあると伺っています。

これから学習指導要領が変わり，ある程度のペースが整ってくれば，中学校も変わっていくのかなと思います。

司会 梅本先生は，実際にその段差を埋めるために，中学校へ行き，中学校1年生を教えておられますよね。それは結果的には，その段差をなくすために効果がありましたか。

菅 私も授業を見ました。梅本先生は机間指導をしているだけなんですが，生徒たちは知っている先生が同じ教室にいることで安心して授業に集中しているようでした。ただ，生徒の机の周りを回っているのですが，机と机の幅が狭すぎて，梅本先生が身動きできず，辛そうでした（笑）。非常に不便を感じているような授業を私は見ました。

司会 ということで，第三者の感想を伺いましたが，実際の当事者としてはいかがでしたか。

梅本 1つの方法としては，小学校の先生が中学校へ行ったり，中学校の先生が小学校へ行ったりしているのは良いことだと思いますが，そこで得たものを自分たちの学校のカリキュラムに生かしていくということが大事だと思います。

指導内容や子どもに関する情報を交換し，その情報を分析しないといけないと思います。情報をもらって，自分たちの学校でそれを読み解いて，

では自分たちでどうやろうかというのがそれぞれに欠けているのではないでしょうか。

菅 中学校と小学校とでは文化が違うと言われます。小学校の先生がいくら説明しても，中学校の先生方に理解してもらえない。逆に，中学校の先生方のことを小学校の先生方は理解できない。ここが一番ネックだと思います。

　つまり，小中の先生方がコミュニケーションを図りながら心の部分でつながる必要があるのに，なかなかできない。この点を梅本先生はどう解決しましたか。

梅本 授業にお互い入り込むというのは，非常に効果的だったと思います。特に中学校の先生方が小学校の授業を見られると，よくわかるわけです。「そんなに変わらないな」とか，「ここは違うな」と。しかし，小学校の先生方が中学校へ行くと，専門性があるので，「ここが違うな」というのはなかなかわからないところがあるわけです。だから，その違いを埋めるためには，お互いに授業に何度も入り込んで理解することが一番効果的だと思います。

司会 まさに異文化理解ですからね。京都市は，その校種間の異文化理解につ

いてはどのようにされましたか。

直山 私はもともと中学校の教師でしたが，ひょんなことから小学校へ行ったわけです。自分が中学校にいたときは，中学校の職員室では，「もうちょっと小学校でこういうことをしておいてほしかったよね」などと，みんな言っています。そういう思いで小学校へ行って，確かに授業に入ることも大事ですが，小学校の職員室にいることがとても大事だと思ったのです。

　私は，ずっと1日，その小学校にいるわけです。そうすると，小学校の担任の先生は，朝職員室を出たら，もう職員室には戻ってこない。給食が終わった後すらも戻ってこない。放課後，子どもが「さようなら」をして，やっと戻ってくる。低学年の担任だと特に，トイレに行く時間もない。

　でも，中学校の先生方は，例えば空き時間があったりなど，全く生活スタイルが違う。そういう学校での生活スタイルが違うことから，授業のスタイルの違いも生まれてくると思います。私は，小学校の職員室にいたときに，中学校の緩やかさを感じたし，反対に中学校に行ったときは，小学校の緩やかさを感じた。お互いの情報交換，情報交換の後は人事交流みたいな形で，次のステップに進むことが大事だと思います。

司会 よく知って，それを広げて，深めていくということが大切ですね。公立

学校と国立の学校では若干違うと思いますが，小中連携という観点で大学のほうではどういう取り組みをされていますか。

兼重 教員養成という面で考えてみますと，本学には小学校英語というコースと中学校英語というコースがあって，3年次に教育実習に行くのです。この2つの課程の学生で，教材教具に対するとらえ方が全然違っていて，中学校課程に行く学生は基本的に教科書を見るときに英文の構造に目が行く。ストラクチャーに目が行って，キーセンテンス，キーフレーズをどういうふうにコミュニカティブに学習させるかと考える傾向があります。小学校課程に行く学生は比較的内容とか学習指導要領にあるところのコミュニケーションの場面とか機能というのをベースにしながら，どんな表現が必要か，子どもに合うかと考えていく傾向があります。

　4年次になると，小学校課程が中学校に，中学校課程が小学校に行くのですが，中学校課程から小学校に行った学生が，「はっと気づくことが多い」とよく言います。ここは中学校と小学校の文化を融合していくところなのかなと思います。

　ただ，直山先生が1日小学校にいることが大切だと言っていましたが，これは小中連携にかかわることで，私たちだけでなくて，ネイティブ・スピーカーもそうすることで勉強になると思います。非常勤で時間単位で行くのではなくて，1日学校にいることで，小学校の文化も中学校の文化についても学べると思います。そのように1日をフルに使った活動を基本に教員養成をしています。

菅 大阪には小学校が700校くらいありますが，学校間で温度差があって，考え方も大分違っています。

司会 大阪ではとにかく学校数が多いので，温度差は極めて大きいと思います。そこで，一番大切なのは，やはり研修のあり方だと思います。小学校の先生ができないのではなくて，そのきっかけがないわけです。こちら側が学習指導要領のねらいなどを話しながら，ある程度の指針を出して，先生方がそれに従って実践をすることで，自信をつけていただければ，もう本当にいいものができると思います。ただ，学校数が多いので，そこまでの広がりがまだないので，まだまだ混沌としたプロセスの中にいるのかなとは思います。

今，お話ししていただいた中で，やはり今まで「総合的な学習の時間」の枠の中で実施していたので，内容もばらばら，指導方法もばらばら，そして時間が経ち，そして，小学校の外国語活動の方向性が見えてくると，今度は小中連携というところが問題になってくる。その様々なベクトルを1つにする意味で，いわゆる学習指導要領が今回出てきたわけです。

その学習指導要領の作成に携わられた菅先生に，その構想あるいはねらいなどを話していただきたいと思います。

菅 先ほども申したように，中央教育審議会の外国語専門部会をリーダー役として，いろいろなご意見をいただいてきたわけです。

やはりその中でも考え方がたくさんあって，「どんどん進めましょう」という方から，「いや，ちょっと待って。そんなに急ぐこともないではないか」という方から，たくさんの考え方がありました。

そのときに私が思ったことは，昭和61年の4月までさかのぼって，歴史的な経緯も見ていかなければいけないということです。つまり，子どもたちにとって，直面し

菅　正隆先生

ている課題は何かということに立ち返らないと，学習指導要領自体が立ち行かなくなると思ったわけです。

　61年の臨時教育審議会の当初は，やはり中高の英語教育が成果を余り上げていないという意見があったわけで，だから小学校にということがありましたが，その一方で，当初から国際理解という考え方が大きな柱にあったわけです。

　つまり，外国の方々あるいは外国の文化を受け入れるのと同じように，日本の文化もどう子どもたちが発信していくかということが昭和の時代からずっと言われ続け，その片鱗が「総合的な学習の時間」の中にある文言「国際理解の一環として」に表れます。あの言葉はやはり昭和の当時からの言葉だったろうと思います。それは大きな流れの柱ということになります。

　しかし，平成に入ると，コミュニケーションという言葉がどんどん出てくる。だから，高校にも「オーラル・コミュニケーション」という科目が入ってくる。そういう中で，子どもたちの課題として大きく取り上げられてきたのが，社会の変化に伴ってでしょうが，コミュニケーション能力の欠如という問題です。言葉を使えない，あるいは自分の言いたいことがなかなか相手に伝えられない。自分の思いを相手に伝えられないと同時に，相手の言っていることも理解できない。これは国語力という面もあるかも

しれませんが，大きく考えると言語力の問題だろうと思います。

あるいは，様々な人たちと交わることができない。そういう点から子どもたちはキレて，すぐ手を出してしまう。言葉がなかなか出ないので，つい暴力を振るってしまう。それがニュースなどでも報道されているように，コミュニケーション能力の欠如というのは子どもたちの人間関係さえも損ないかねないものです。そして，それがいじめにもつながることになるわけです。

ですから，一方で国際理解ということと，もう一方はコミュニケーション能力の欠如，これを大きな課題としてどう解決していくのかということがありました。

しかし，時代のグローバル化ということも考えると，英語あるいは外国語に触れることも大切だというのは，もちろん，当然あったわけです。

この大きな3本柱，つまり，国際理解，コミュニケーション能力，そして英語とか外国語，他の言語に触れることが，やはり今の子どもたちには必要なことだろう。これは課題なんですね。これを解決するために，学習指導要領では「統合的に」と言っていますが，これを1つにして，解決に進むような内容にしなければいけないということになったわけです。

それらを課題として，ではどういう趣旨で導入するのかという点です。これには，3点あります。

1つ目に，子どもたちの適応力を生かすということです。つまり，よく言われるように，言葉は若いときに，あるいは年齢が低いうちからやると良いと巷では言われています。ただし，特に外国語教育においては，この点に関するデータがほとんどないのが現状です。

2つ目はグローバル化という点です。アジアの多くの国々では小学校で英語が必修化されているという話は，否定するものではありません。ですから，「日本で必修化されていないのはどういうことだ」という考え方に結びつけ

る人もいたわけです。

　3つ目に，先ほどからみなさんからのお話の中にもあったように，「総合的な学習の時間」の中で行われていた英語活動は，内容も，時間数も，マチマチでした。それをどのようにまとめ上げるかという点で，機会均等という言葉が出てきたのだと思います。

　つまり，趣旨としては，子どもの適応力，グローバル化，機会均等，これらを柱に，小学校に外国語活動が導入されたわけです。

　具体的には，先の課題解決の3つの面が，まさに学習指導要領の目標に明確化されていくわけです。

2. なぜ，小学校に外国語なのか

司会　今回，学習指導要領の解説を見ても，今の子どもたちにコミュニケーション能力が欠如しているということが非常にシビアな言葉で書かれていますよね。語彙力あるいは表現力に乏しいことから，他者とコミュニケーションがとれない場面が多々見られるという文言があります。

　直山先生は，子どもたちに言葉の力をつけるのだとよくおっしゃるんですが，その点を再度，なぜ小学校に外国語なのかお話しいただけますか。

直山　小学校と中学校で教壇に立っていたときに，子どもに言葉の力がないと感じていました。子どもが自分のことをしっかり表現できなくて，手が出てしまうこともありました。数年前から様々な事件が，子どもだけでなく，高校生にもあったと思います。人を傷つけてしまう，死なせてしまうというような事件もありました。

　それはなぜかといったら，子どもたち，そして，大人をも取り巻く生活

が大きく変わってきたからなのでしょう。私はよく，「コンビニエンススト アに行ったら，何も言わなくても物が買えるでしょう」と言うんです。そ れから，初めて行く場所にも，誰とも話さなくても，簡単に行くことがで きるんですね。券売機で券を買って，車内放送を聞いていたら，降りる駅 もわかる。つまり，人と人とが直接言葉で，顔と顔とを合わせてやり取り をするという体験が，私たちの生活から徐々に減ってきています。大人も そうなんです。

　だから，人と対面して言葉を使うという体験がなくなれば，当然子ども に言葉を使う力はなくなってきます。子どもたちにコミュニケーション能 力がなくなってきているのをひしひしと感じます。

菅　これは社会の変化だと思うんです。つまり，家庭は核家族化し，おじい ちゃん，おばあちゃんとコミュニケーションをとることが少なくなってき ている。異年齢の人々とコミュニケーションをとることもない。つまり， 同じ学年の子どもたちと話すだけです。同じ言語レベルですから，言葉の 使い方を学ぶということはないわけです。本当は言葉の使い方は大人が教 えてあげなければならないのに，大人，あるいはおじいちゃん，おばあ ちゃんなどの異なった年齢の人との交流がない。

　加えて，大人が言葉を正しく使わなくなってきている。これらのことを 考えると，「小学校でそれを何とかしなさい」というのは，小学校にしても

大変なことであって，学校側にしても実はいい迷惑なのかもしれません。社会のそのような課題を学校に一方的にまかせてしまうのもひどい話かもしれません。

司会 現場ではどうですか。今，子どもたちの力が衰えている。確かに子どもたちだけの責任ではないのですが。彼らを取り巻く社会の状況が子どもたちをそのようにしているんでしょうが，この点について現場ではどうお感じですか。

梅本 それはもちろん感じているところです。どの教科でも，コミュニケーション能力を伸ばそうとして，いろいろな子が発言できるようにとか，グループ活動など小集団で活動できるようなことを入れたりと，先生方は授業でいろいろな工夫をされています。
　英語の話に戻りますと，私が英語を小学校でやっていけると思ったのは，始めて3年目くらいなんです。

司会 3年かかったということですか。

梅本 かかりました。なぜかといったら，最初の1〜2年は無我夢中ということともありました。あまり子どもを見る余裕がなかったということもあるかもしれませんが，子どもが徐々に変わってきているという話を担任の先生から聞くようになってから「やっていける」と感じるようになったと思います。

直山 例えばどんな？

梅本 「あの子のあんな顔は見たことがない」とか，「あんなに一生懸命に人の話を聞いているのを初めて見た」とか，「普段おとなしくて，なかなか発言しない子が，一生懸命手を挙げているのを初めて見た」とか。それを見たときに，英語が聞けるようになるとか話せるようになるとかいうスキル面が高まるだけではなくて，この英語の授業で何か人間を育てることができるのだなという感覚でしたね。

直山 私も同じで，なぜ小学校で外国語活動，英語活動をやるのだろうという疑問があった。子どもは，ゲームや自分たちがとても興味のある題材で，先生が仕組んでくれた活動をやりたいわけです。それに参加するためには，先生の話を一生懸命聞かないと，外国語だから理解できない。日本語だったらいい加減に聞いても理解できるかもしれませんが，外国語だから，一生懸命聞く。先生の表情，身振り，手振りも含めて一生懸命聞いて，やっとわかったというときの喜びはすごく大きい。

　反対に，自分の思いを伝えるために，つたない英語で身振り手振り，顔の表情をつけながら，一生懸命伝えて，ALTの先生がI understand. と言ってくれると，すごく嬉しい。母語ではないけれども，言葉を使って人とやり取りする，その醍醐味を子どもはここで初めて感じるのです。子どもは，

なかなか上手には言えないけれども，心の中に，「言葉で人とやり取りするっておもしろいな」という体験をずっと積んでいく。それは先生が3年くらいかかって，子どもが自分自身の中で意識化できて，表情や感情に表れてくるのだろうと思います。

菅　ですから，国でも言語力育成協力者会議というものができたわけです。子どもの課題はみんな共通して理解しているのだと思います。子どもの言葉の力が落ちてきている。しかし，今までの日本の教育においては，言語というと国語の領域でしか扱っていなかった。もうそういう時代ではない。あるいは，もっと大変な時代になっている。子どもたちの状況が大変な状況になっている。国語だけではなくて，いろいろな教科あるいは領域で子どもたちの言葉を育てていきましょうという協力者会議なんですね。

　それには，何も国語だけではなくて，外国語でもいいわけです。特に英語だったら，ペア・ワークのときに，Do you like apples? と隣の子に聞いて，Yes, I do. とか No, I don't. と答えていますが，これは日本語だったら恥ずかしくて言えないですよ。隣の子に，「リンゴ好き？」，「何でそんなこと聞くの」となる。「何の動物が好き？」，「なぜ？」と不思議がられます。つまり，外国語という，あるいは英語という言葉を使うことによって，子どもたちが恥ずかしがらずにコミュニケーションをとれる状況下に子どもたちを置くことができるわけです。

直山　第5回の全国小学校英語活動実践研究大会が平成21年の1月の末に京都市であって，ある小学校で公開授業がありました。子どもたちが，学校の中のお気に入りのスポットを紹介する授業でした。道案内をして，友だちに紹介していく。Where is my nice spot? と聞いて，友だちに当ててもらう。Music room? とか。「じゃあ，言うとおりについてきてね。」Turn right. Turn left. と言いながら，行き着いた先が Not music room, library. となるわけ。なぜ library が好きなのかということまで，子どもが，拙い英語だけど，I like books. とか言う。

　その授業が終わった後に担任が感想を求めたとき，子どもが言ったことがとてもよかった。「友だちがあんなところを好きだったのは意外だった。」あんなところが好きな人がいるんだ。その理由がこういう理由だって初めて知った。あるいは，「自分はその人と同じところが好きだったんだけど，理由が全然自分と違ってびっくりした。」子どもはここで何を感じたかというと，まさに「言葉って自分の気持ちを伝えるツールなんだ」ということです。

　兼重先生がおっしゃったように，中学校や高校では，どうも英語の構造などに注意が向く。小学校ではまさに体験に価値があるわけです。コミュニケーションの目的，つまり，コミュニケーションして得たもの，豊かになった心のほうに子どもの意識が向いているのだなと，授業を見てすごく感じました。

菅　人間というのは，相手のことがわからないと非常に不安を感じるものです。相手を理解するとすごく心が落ち着くというところがあります。つまり，知らない人だからこそいじめたり，攻撃してしまうところがあります。

　では，相手を理解する一番手っとり早い方法は何かというと，コミュニケーションを図ることなんですね。だから，そのために，言葉をどう育てるか。何も日本語だけではなく，英語というフィルターを通して意欲や積極性を育てれば，当然日本語にも通じるということがわかります。

兼重　よく直山先生が言われる，鉛筆を１本持って，「この鉛筆は長いと思う？」。対照するものがないと，短いのか長いのかわからない。ですから，様々な

活動を通して外国語に触れていくことで，もう一度日本語とか日本文化についても考えていこうということも，納得することができます。

　日本の子どもたちが外国語を通して，少ない言葉だけれども，そこにしっかり意味を込めて伝えてあげる。言葉が少ないから余計に，ジェスチャーとか表情とかをつけて伝えていこうとする。理解しようとしていく。

　よく，コミュニケーションというのはメッセージが通じればよいととらえられてしまうのですが，実際は，その途中であるプロセス，どういうふうに調整をしようとしているか，わかってもらうためにどう工夫するか，わかろうとするためにどう工夫するのかということを体験していくことが，日本語での表現にも波及する効果があるのです。そういう意味では，よくプロダクト（言葉として表現されたもの）だけに注目しているコミュニケーションがありますが，小学校ではプロセスを体験させるということが1つ大切なのではないかと思います。

菅　その通りで，学習指導要領の趣旨にも，今，先生方からいただいたものとか，長い経緯を経てきた課題解決の面などが，文言として表されています。

梅本　小学校では，よく子どもが先生に当てられますよね。「何好き？」とか。

しかし，答えられないときがある。それは，わからないのではなく，自分の本当に言いたいことを探しているから答えられないことが多いのです。中学生だと，あまり考えずにその場をしのぐためにレスポンスが早いほうがよいとか思う。小学生はじっくり考える。そして，悩む。

　それは，子どものこんな言葉からわかるんです。「小学校の英語の時間で何を学んだか。英語の内容以外で学んだことを書きなさい」と言って6年生に書かせると，一番多かったのが，「人と接することを学んだ」でした。次に「うちの英語の時間がなくなったらどうなると思う？」の質問には，「トイレットペーパーの芯がなくなったように思う」と書いている。つまり，子どもたちは意欲的に授業に取り組み，コミュニケーションをとることに一生懸命だったんです。これが子どもたちを育てることにつながったと思います。

菅　そこが一番大切なところですよね。つまり，子どもたちに英語活動の中で考えさせているかどうか。単なるパターン・プラクティス（表現習得のためにくり返し行う口頭練習）やダイアログ（対話）の暗唱，そして「英会話」，これでは真に子どもたちを育てることにはなりません。ただの口先だけの子どもを育てようとしている。全国各地の授業を見ると，子どもたちに考えさせていない授業というのもたくさんあります。

司会　梅本先生が，「外国語活動は日本語でコミュニケーションができない子のためにある」ということをよく言いますよね。

梅本　うちの娘がそうでした。どちらかというとコミュニケーションが苦手な子でした。小学校に入っても，なかなか人前でしゃべれない。そういう子どもが今はいっぱいいるわけです。その子どもたちに様々なコミュニケー

ション活動を通して，体験させて，自信をつけさせたいのです。英語活動の授業で子どもに当てるというのは中学校の授業や他の授業とはちょっと感覚が違うんです。小学校の英語で当てるときは，様々な答えを求めている。だから，どんな答えでも全部丸なんです。いつも満点なんです。だから，どのような子でも答えられる。そのくり返しが力につながり，コミュニケーションが好きな子どもをつくっていくのです。

菅 一方，中学校は正解を求めている。しかし，小学校の解答はオープンだから，そこで子どもたちは考えるという作業をする。

梅本 そうです。そして，自分と向き合うことができる。

菅 私は「英会話」，パターン・プラクティス，ダイアログの暗唱，フォニックスは，小学校ではしないほうがよいと常々言っているんです。「英会話」のパターンでいくと，How are you? と尋ねると，みんな I'm fine. としか答えられない。おなかが痛くても I'm fine. 38℃の熱でも I'm fine. 考えずに条件反射しているだけ。「英会話」はパターン化し，選択肢がないわけです。
　私は，小学校では「英会話」ではないと言っているのです。表現の定着だけだと子どもの心は育てられないのです。

梅本 How are you? と先生に尋ねられているのに，先生にうそを言う練習をしているようなものです。

菅 「英会話」のパターンで「こう答える」とインプットさせられると，みんな，うそを言いだす。

梅本 そうです。先生にうそを言っていいということになる。

菅 だから，心も育てられない「英会話」はダメだと否定しているわけなんです。

直山 例えば，赤ちゃんは泣くでしょう。おなかがすいたら泣くし，抱っこしてほしければ泣くし，うれしいときは喜ぶ。うそで表現しない。それが，大人になるに従って，うそを表現するようになる。だから，小学校の子どもは英語でうそをつけないというのはまさにそうで，うそはつけない。自分を表現するためのツールとして英語を使う。

それが，英語の教育がだんだん進んでいくと，「英語は武器だ」と考えだす。私は嫌いなのですが，「英語は武器じゃないですよ。友だちと仲よくするため，相手を理解するためにあるのだ」ということが，いつの間にか大人になるに従って消えていき，そして，会社などでは，英語が上に上がるための道具になっていく。そこには本当の中身がなくて，ただの「英会話」のパターンになっていく。

菅 だから，小学校では，英語で質問されたら答えられない。語彙力がないわけですから，日本語でもいいんですよ。つまり，先生が言っていることがまずわかるという段階からスタートしないと，知っている単語だけで表現しなさいと言っても，単語がわからない。でも，英語を使えと言われる。そこで，てっとり早く，その場をのがれるために，おなかが痛くても I'm fine. となる。そこを，もう少しオープンな回答，そして自分の真の気持ちを表すほうが大切であると考えなければいけません。

兼重 なぜ中学校では，パターン・プラクティスのような授業をしてきたか。

私も実は最初は高校で授業をして，次に中学校で授業をして，そして，小学校での英語活動を研究するようになった。中学校のときに，なぜああいうパターン・プラクティスとか，決まったセットプレイで授業をするか。それは，こういうパターン・プラクティスタイプで授業をすると楽でいいからなんです。子どもたちには無理やりパンパンパンとリズムで覚えさせれば，子どもたちは話したような気になる。

　逆に，そういう授業のパターンというのは，英語の力がない先生ほど，そういったところにはまっていく傾向にあると感じます。

　おもしろい事例があって，ある小学校で，いわゆるパターン・プラクティスばかりしているクラスと，それから割と自由に活動している小学校のクラスがあって，どんな動物が好き？ What animal do you like? と聞いたときに，そのパターン型で練習している子どもは，選択肢がないので全く答えられない。しかし，もう1つの自由な活動をしているクラスでは，様々な答えがすんなりと出てくるんです。先ほど梅本先生が「うそを言わない」と言われましたが，先生のほうから用意されたパターンで練習している子どもたちは，もう思考に他の答えを生み出せない。先生から与えられていることから選ぶ。そして，それをいかに正確に発音するのかというパターンに慣れている傾向がある。それはクラスルームイングリッシュレベルでも一緒なんです。だから，How are you today? にみんな I'm fine. なんですね。

　梅本先生が，子どもたちには，聞き取る（リスニング）パターンがあるということをおっしゃっていましたが，あれを教えてください。

兼重　昇先生

菅 　小学生に大阪府の高校入試のリスニング問題を解かせているんですよね。

梅本 　そうです。どのくらいできるのかなと思って。小中連携をやっていますから，どのくらいの力をつけていけばいいのかと，6年生でやってみたりするんです。そうしたら，子どもたちに推測する能力が非常についている。とにかく聞けるものを真摯に聞いていくわけです。それをうまくつなぎ合わせて解答していくわけですが，その解答していくときのパターンは決まっていて，キー・ワードからわかるというのがあります。ずばりそのタイミングで，ほとんどの子が解答を書いていく。

菅 　ひっかけ問題が後ろについているときには，キー・ワードだけで判断するので，必ずひっかかってしまうんですよね。

梅本 　そうです。もちろんそういうのは正しくすべて聞けないのでひっかかります。子どもたちは素直なんですね。

直山 　私が中学校で授業をしていたときに中3の生徒によく言ったのは，入試問題で単語が全部わかるなんていうことはないんだよということです。

　だから，どんな力をつけなければいけないかといったら，この単語の意味はこうで，この単語の意味はこうと，1対1対応ではなく，単語の意味がわからなかったら，前後からその単語の意味を推測できるような力をつけていかないといけない。それらをつなぎ合わせて読み取る力をつけていかないといけない。

　でも，パターン・プラクティス，1対1対応で「これにはこれ」と教えていく。私はパターン・プラクティスを否定はしません。やらないといけない部分は絶対ある。だけど，そればかりではないんですね。

第1章 小学校外国語活動ビフォー・アンド・アフター：ビフォー

菅 パターン・プラクティスは，中学校，高校のような，知的レベルが上がり，英語運用能力を伸ばそうという目的には合っている部分もあります。しかし，小学校では，そこを育てるのではないのです。

同じことで，私の両親は東北弁を使うのですが，梅本先生だけが言葉を理解できないと言っています。蛭田先生も，直山先生も，兼重先生も，たぶん岩手の言葉を理解しているのではなく，ところどころわかる単語をキャッチして，全体を推測して理解しているだけだろうと思うんです。しかし，梅本先生はまじめなので，全てを一生懸命聞き，理解しようとしている。他の人はいいかげんだから理解できるのかもしれませんね（笑）。動詞なども大分違うので，英語以上に難しいかもしれません。

子どもたちは日本語の世界にどっぷりつかっています。そこで，お年寄りや大人と話すと難しい言葉を耳にする。そこで，「今のことはどういうことを言っているのかな」と推測をする。ここが大切で，異なる年齢の人と話をすることで，言葉の使い方を向上させることができるんです。この推測力を英語活動でも育てることができるんです。

同じ学齢の子どもたちと話をしても，日本語なら，推測する必要などないんです。しかし，英語は同じ年齢でも推測しないといけない。

直山 菅先生がおっしゃるように，読書についても同じなんですよね。自分の頭の中で文字を読んで，そこに書かれていることや状況を頭の中で描くことができない。私はさっき，コミュニケーションの力がない，言葉の力がないと言ったけれども，言葉の力がないと，想像力がなくなる。

その想像力には，クリエーション（creation）とイマジネーション（imagination）の2つがある。クリエーションができないと，「あることとあることがあって，これを条件にしたらどんな新しいものがつくれるか」というクリエイトができないから，未来が描けない。イマジネーションは，

「このボタンを押したらどんなことになるだろう」とか、「兼重さんに何かひどいことを言ったら、兼重さんがどんなに傷つくだろうか」ということが想像できない。

　今、ニートの問題では、子どもたちが親の働いている姿を目にしないからという説もありますが、子どもたちの言葉の力が弱くなって、未来を描けないということもあると思います。子どもの生きる力が弱まっていると感じます。

菅　大阪樟蔭女子大学出身で作家の田辺聖子さんから、「言葉は本から学ぶのですよ」と教えられたことがあります。なるほどなと思いました。「この単語はどういう意味なのだろう」と、考えて、調べたり推測して、本から教えられる。一方、田辺さんは、「言葉の使い方は人と交わって学んでいくのです」とも話しておられました。まさにこの点が今の子どもたちの欠点なのですね。

　今の子どもたちは本を読まない。つまり、まず言葉を知らない。次に、言葉を使う場面がない。この２つが子どもたちに備わっていないのは危機的な状況だと思います。

　これはだれの責任でもなくて、社会全体の責任だろうと思いますが、我々はこの外国語活動、英語活動で、どのようなことができるのかということ

です。

　学習指導要領の趣旨は，聞ける子どもを育てること，英語を話せるようにすることではないということは，今までの話からも共通理解が図れたと思います。「英会話」であれば，塾とか英会話学校でやることが当然で，学校ですべきことと塾ですべきことは全然違う。我々は学校という公的なところで子どもたちをどう育てていくのかという観点から，今回の学習指導要領が生まれてきたわけです。

3. 学習指導要領の改訂

司会　学習指導要領が出ましたが，そもそも現場の先生方はみんな読んでいるんですか。学習指導要領というものの存在自体を知っているのでしょうか。

梅本　今回の小学校の外国語活動については，我々小学校教師が今まで全く経験してこなかったことですので，今までと比べれば興味があって，読まれる方も多いと思います。基本的には研修などの機会が大事になると思うのですが，新しい学習指導要領が出て，個人・学校間のばらばら感がこれからは少なくなっていき，新しい学習指導要領にのっとった形で授業が行われると思います。

　今まではピンポイントで研究開発学校だけがやっていた。それから拠点校に広がっていって，そして一般化されます。今後，学習指導要領にのっとった，非常に前向きな実践が数多く出てくるのではないかと思います。というのは，研修へ行っていても，最近主語が変わってきたことに気づきます。学習指導要領が出る前は，「文部科学省は何を考えているんだ」とか，「どんなことを出されるんだ」とか。しかし，今は，「私は」とか「私は，この

学習指導要領にのっとって,この理念を授業レベルに落としている」などと変わってきています。

菅 たぶん,多くの先生方が,学習指導要領解説書を読まれているような感じがします。なぜならば,「小学校学習指導要領解説外国語活動編」というのが,アマゾンの英語関連書籍の順位では常に1位,2位なんですね。ただ,価格が72円。本代よりも送料のほうが高いだろうと思いますよね。72円で買えるものなんて,今ほとんどありません。そういう意味では,購入いただいて,読んでもらっているのではないかと思います。

司会 だから,当然のことながら関心はかなり高い。逆に言えば,ものすごく不安感を持っておられるということもあると思います。

直山先生も我々も,同じように行政で研修を行っているんですが,梅本先生からも研修をしたときの参加者からの話が変わってきたということがありました。そのようなことをお感じになったことはありますか。

直山 何度も全国小学校英語実践研究大会のお話で申しわけないのですが,第1回目,第2回目をやったころと,今回5回目をやったときとでは,公開授業の後の協議会での質問,それから2日目の分科会での質問が,全く質が違うなと思いました。

1回目,2回目は,「カリキュラムをどうするの」とか「教材はどんなのがいいの」という条件整備的なことがとても多かった。でも,5回目になって,「これが本当にコミュニケーションなの」とか「評価の理解というのはどこまでを求めるの」など,ものすごく鋭くなったし,指導法や,その条件整備とは異なった,先生方自身のやり方とか,「自分はこうなのだけど」という,先生たちが実際にやっているなということを感じさせる質問に変

第1章　小学校外国語活動ビフォー・アンド・アフター　ビフォー

わってきていると思いました。

菅　ただ，実はここには結構落とし穴があるんです。梅本先生もお話しされたように，先生方は毎時間，子どもたちと対面しているわけです。45分，どう授業をしていかなければならないのかというときに，テクニックに走ってしまう可能性があるんですね。つまり，「こうやったらゲームは楽しいよ」とか，「こういうゲームがありますよ」と言って，やはりそこにみんな飛びつく。

これは別に小学校に限ったことではなくて，中学校，高校でも，「こういう新しい手法がありますよ」，「こんな楽しい活動がありますよ」と言うと，先生方は結構のるんですね。

しかし，そこには，「ではなぜその活動が有効なのか」とか，「この活動が次の活動とどうリンクするのか」とか，「この活動を行うことで子どもたちにどういう力がつくか」という考え方を必ず持っていないと，ただのお遊びで終わって，途切れてしまうという可能性があります。私はそこをもう少し考えながら導入を図ってもらったほうがよいと思います。

中学校でカリスマ教師と言われている田尻悟郎という私の悪友がいます。彼はいろいろなアクティビティをする。私もそうでしたが，そうすると，先生方はその活動だけをまねるんです。

しかし，うまくいかないんですね。目の前にいる子どもたちが違うし，それは単に1時間のスポットの活動だけではないわけです。脈々とつながる，子どもたちをどうしようかという目標に向かった1場面でしかないのに，1場面だけを区切って，切り貼りして，たとえ活動がうまくいったとしても，子どもたちにどういう力をつけられたのか。本当にその活動がうまくいったのか。その辺はやはり，例えばカリスマの授業をどう子どもたちに合ったようにアレンジするか，クリエイトするかという，単なる受け売りでは

ない，真の構成能力にかなり影響されるのだろうと思います。

司会 今回の学習指導要領の導入に関して，大学からはどう見ておられますか。

兼重 特に学部生に学習指導要領の内容をしっかり伝えていかなければいけないと思います。教員養成的な立場からは，そこを考えます。

　特に小学校英語活動は，先ほど出ましたが，「多事総論」というか，いろいろな人がいろいろなことを言われています。大学の教員は自分の研究をしていますので，それをそのまま自分の意見として学生に伝えていくというのでは，教育法の中で扱うときにはちょっと行き過ぎなのではないかと思うことがあります。

　先ほど菅先生が言われたように，いろいろなアクティビティを紹介するのだけれども，そこにどういうバックグラウンドがあって，理論的な，背景的なものがついていて，そして，これがなされていると結びつけながら授業をしなくてはいけません。そうでなければ，たぶん，活動のパッチワークになってしまう。学生の授業を見ているとよく目にします。

　今，学生を小学校に送って，担任の先生とALTが授業をするのをサポートするという，英語活動のボランティアをしてもらっています。ややもすると，大学の教員よりも学生のほうが現場にたくさん触れているという現状がこれから出てくるのかなという気がしています。

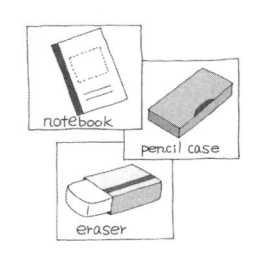

だから，大学の先生方も外にどんどん出ていかなければいけないと思うのですが，これまでは実践ベースというよりも，理論的なものと，それに学習指導要領とを合わせて，学生たちに伝えてきた。これだけでは学生に力をつけさせられません。これからは理論と実践の一体化を図っていかないと卒業していく学生たちも混乱していくのではないかと思います。

司会 大学の先生の立場からのお話でしたが，やっぱり小学校の先生方は英語に関して経験が不足しているので，どうしても大学の先生方に指導を求めてしまいます。

でも，今おっしゃったように，大学の先生方が今までの英語の専門的な知識を持って小学校へ入っていこうとすると，その辺のギャップが非常に大きいのではないかと思います。兼重先生は，これからどういうふうにその部分のギャップを埋めていかなければいけないと思いますか。

兼重 梅本先生の言う，現場でずっと積み重ねてこられた経験を，私たちはどんどん聞かなければいけないでしょう。実は鳴門教育大学では，現場でいろいろ取り組まれている先生方に来ていただいてお話をいただくという時間をつくっています。そこをもっと活用しなければいけないのではないかと思います。

外に出ていけない方は，実践を行うためにどうアプローチをしていかなければならないか，正しく，公平に伝えていかなくてはいけません。自分の意見だけを伝えていくのは絶対にダメだと，私は思います。

司会 菅先生はいかがですか。小学校の先生方はこの指導法を大学の先生に求めていくと，どうしてもそのギャップが大きいのではないかということですが。

菅 　日本の小学校で行おうとしているものは外国語教育であって，第2言語教育ではないのです。外国語教育の中でも，日本型。それが小学校外国語活動なんですね。つまり，他の国々が行っている小学校の英語教育とは大分性質が異なるんです。

　それはなぜかというと，子どもたちの状況，現状が違うからです。それに合わせている外国語活動を他の国々と比較するというのは，少し無理があると理解する必要があります。

　大学の先生方にもお願いしたいことは，今，子どもたちはどういう状況下にあるのかということをまず把握していただきたいということです。これを理解していただかない限り，ただの机上の空論になってしまいます。つまり，ご自身で研究したことと，日本の状況，そして日本の子どもたちの現状をどうすり合わせればすばらしい方向に向かうのかということを研究していただれればと思います。

梅本 　学習指導要領は今までの集大成で，かなり崇高なところを目指していると思います。その中で，小学校外国語活動においては担任が授業にかかわるということが強調されています。

　ただ，担任は1つ1つの活動以上に，学級経営がやっぱり重要なんですよね。ですから，そのテクニックや理論を教えてもらっても，その授業の中でどう生かすかが問われます。どういうふうに持っていくかというのは，やっぱり難しいわけです。

　テクニックとか理論を教えてもらえばよいように見えますが，実は子どもたちを前にして45分の授業をどうするかということが一番重要になってきます。

　教師の授業テクニックを見せびらかすための授業ではないので，しっかり子どもたちに愛情を注いだ授業をしなくてはならないと思います。

菅 そういうのは，全国の小学校を回っているとよく目にします。校長先生方からお話を聞いて，「小学校に外国語活動が入ることをどう思いますか」と尋ねると，「うちは心配していませんよ」と。「うちの先生方は，英語が苦手だけれども，担任として子どもたちをよくコントロールできて，授業もしっかりしている」と話されます。国語，算数，理科，社会もきっちりと学力をつけさせている先生方は，英語が少々苦手でも，子どもたちをマネージメントできている。授業をマネージメントできている。クラスをマネージメントできているのです。そういう方々は，苦手な部分については，いろいろなものを活用すればよいわけです。音声CDとか，ICTのソフトなどを使いながら，子どもたちを導けば十分なのです。

　問題なのは，国語，算数，理科，社会などの授業で，クラスのマネージメントもできていないのに，英語だけをやろうという先生がいる。これは非常に困ったものだという話を校長先生方から聞きます。

　そうだと思うんですね。英語運用能力を向上させるということではなく，子どもたちにどう取り組んでもらうか，子どもたちをどう積極的に動かしていくかということなんです。先生方が主役ではなくて，まさに子どもたちが主役になる外国語活動ですから，その辺を取り違えないでもらいたいと思います。

司会 では，担任の先生は英語を教えるというスタンスではないということですか。

菅 もちろん，そうですね。

司会 指導の上では担任が中心だという話になってきましたが，直山先生も最初に，やっぱり担任がしなければならないというようなことをおっしゃっ

ていました。その辺のことを経験を交えて話していただけますか。

直山 もともと中学校の英語の教師でしたので,最初は小学校の先生が英語を教えることに大変疑問を持っていました。それで小学校で英語活動の指導にあたる際に担任の先生には授業に入ってもらっていなかったんですね。しかしある日,たまたま担任の先生に授業に入ってもらったときに,私がALTとやっていたときと全く違う反応を子どもたちが示したんです。そこで,担任の先生の力のすごさをとても感じたんです。

　そのときに,担任の先生は英語の指導ではなく,英語活動の指導をするんだということに初めて気づきました。

　さっき,「英語活動はコミュニケーションの時間ですよね」という話が出ましたが,子どもが思わず「相手とコミュニケーションをとりたい」,「相手の話を聞きたい」,「相手に自分の考えを伝えたい」と思うような題材と活動がないと,学校の教室の中でのコミュニケーションというのは非常に不自然なんです。だから,コミュニケーションをとるためには,指導者が子どものことをよく知っていないといけない。子どもが興味,関心を持つ題材,子どもが他教科やいろいろな領域でやってきたこと,できること,得意なことを知っていないといけない。あるいは,今まで学習してきた内容,

活動を知っていないといけない。そういうことから，子どもが思わずやりたい，思わず聞いてみたいという活動を仕組むことが担任はできるのです。そう思うと，担任の存在は欠かせない存在と感じます。

兼重 特に，35時間というのがポイントではないかと思います。年間10時間程度であれば，ゲストの方が来て，わっと盛り上がって終わってもいいとは思うのですが，ある程度の系統性を持って，しっかりと腰を落ち着けていこうとなれば，やっぱり担任の先生がその中にどっしり構えていないといけないと思います。

司会 菅先生，いかがですか。

菅 今，35という時間がありました。導入以前には，小学校1年生からでもよいのではないか，3年生からでもよいのではないか，また，5年生からでは遅いのではないかなど，様々な意見があったわけです。

　世の中では私の天敵と言われているようですが，私が愛してやまない慶應大学の大津由紀雄さんなどは，小学校英語反対という立場で，文部科学大臣に要望書を出してきました。実は，私はあれに救われました。彼はずっと反対と言ってきたのですが，彼の反対の理由が理路整然としているわけです。

　つまり，導入する以前に，もし，先々，導入する段になった場合には，どういうポイントで，どういう趣旨で導入すべきかはっきりしない時期が，実はあったんです。それは，導入する理由となるべき小学校の英語に関するデータがほとんどなかったからです。研究開発学校でいろいろな研究をしていただいていたのですが，「子どもたちは楽しい」と言っているなど，子どもたちの主観的なデータはあったのですが，直接能力に関する客観的

なデータがないわけです。そうすると，どうやって導入を図るのかというときに，かなり苦しい思いをする。

そのときに，あのひげ面の大津由紀雄さんが，反対する理由を4，5点にまとめてきた。その4，5点をまずクリアすることが導入への近道だと判断したわけです。1つ1つ解決していく。まさに問題解決型ですね。向こうが課題を提示してくれたわけです。ですから，1つ1つ，初心に立ち返っていろいろな方とお話ししたり，いろいろなものを集めたりというような時期があったのです。

ですから，「敵に塩を送る」のような感じで，まさにこの導入に関しては大津由紀雄さんの貢献が大きかったと思っています。そう言うと，彼は「いや，そうじゃない」と，また怒りだすでしょうが。

世間には，いろいろな考え方があります。蛭田先生も直山先生もご存じのように，行政というものは360度方位外交をしなければならないわけです。たった1人，あるいはたった1方向だけを見て動くわけにはいきません。反対の人もいる。賛成の人もいる。では，どこに落ち着くと一番バランスがよいか。行政マンとして一番有能と言われるのは，このバランス感覚のよい人なんです。

ですから，現在も大津由紀雄さんにはお願いしているわけです。「亡くなるまで，小学校英語に対して反対でいてくれ。あなたが賛成するとバランスが悪くなる」と。大津先生も，「よっしゃ」と。大阪弁では言いませんが，「おれは最後まで筋を通す」と。私は，ああいう生き方をする人は好きですね。「反対，反対」と言っていたのに，法令化したら，「じゃあ賛成」と信念を曲げるよりは，大津由紀雄さんのほうが生き方としては格好いいなと思っています。直山先生もお友だちですが，いかがですか。

直山 そうだと思います（笑）。

4. 移行期間にすべきこと

司会 カウンターバランスとしての大津先生みたいな方の存在があったから，いいバランスでソフトランディングしたという菅先生のお話でした。

　ただ，現場では，この外国語活動に関して不安と不満がまだまだ渦巻いています。担任が中心でなければならないとか，支援はどうなっているのか，研修はどうなのか。それからICTのハードはどうなるのか。まだまだ見通しが立っていない先生方もたくさんいると思います。

　現実として，4月から移行期間が始まるわけですが，では，移行期間中，大学，行政，現場，それぞれどういうことをしていかなければいけないか。菅先生から伺いたいと思いますが，行政の側として，移行期間中にすべきことは何なのでしょう？

菅　まず，2年間という移行期間に先生方の指導力を向上させることだろうと思います。ただし，無理はしないことです。できるところからやればいいと思います。背伸びしないでいただきたいと思います。

　なぜならば，小学校の先生方は非常に忙しい。国語もあり，算数もあり，理科も社会も，ましてや学力向上とか，いじめとか，生活指導の面もあるでしょう。その中の一部分でしかない外国語活動にばかり時間をとられていては，他の教科の指導がままならない。これでは「本末転倒」になるだけだと思います。

　ですから，無理して，英語の発音が悪いので英語学校に通うなどというのは，むだ金を使うだけだと思っています。できるところから子どもたちに接し，言葉の使い方やコミュニケーション能力の向上を図るべきです。1歩1歩，歩んでいけばよいのです。

　ただし，平成23年度からは完全実施ですから，2年間で，その指導力を

向上させることが大切です。そのために，先生方自身が課題を見つけて，解決を図ることが大切だと思います。1年目はこういう力を自分自身でつけようとか，2年目はこういうふうにしようとか，目標を持って，平成23年度に向けて進めばいいんです。

　全国に小学校の先生方は40万人おられます。「英語が苦手だから，5年生，6年生の担任を持たなければ英語活動をやらなくて済む」というような考えの先生方がひょっとしたらいるかもしれない。しかし，これは全体で取り組まなければならない大きな課題なのです。学校ぐるみ，あるいは地域ぐるみ，あるいは教育委員会の指導のもと，すべての小学校の先生方に，移行期間で学習指導要領の趣旨の徹底を図ってもらい，ある程度の指導力，これは指導力と言っても，何度も言っているように，英語力ではなく，子どもたちをどうサポートして，どう仕向けるか。そういうことの指導力を向上させていただきたいと思います。

司会　そうなると，例えば各学校にいる中核教員の存在も，かなり大きな役割を担うようになるわけですよね。

菅　外国語活動というのは，歴史的な経緯の話のときにもありましたように，今回ようやく生まれた，生まれたての赤ちゃんです。これからこの赤ちゃんにミルクをあげて，愛を持って育てていくことで，子どもが大きく成長していくわけです。しかし，学校内でいがみ合ったり，教育委員会と先生方がいがみ合ったりして，子どもたちを台無しにしないでほしいと思います。できるところからみんなで育てていきましょうという考え方なのです。

　本当に外国語活動はまだ1歩も進んでいないのです。前に出たのは0.1歩くらいかもしれません。次の1歩，あるいはそれが0.01歩後ろに下がるかもしれない。これはもう先生方，あるいは我々行政でタッグを組んで先へ

進まなければいけないということなんです。ですから，この2年間を大切にしていただきたいと思っています。

司会 直山先生には，この移行期間について行政がすべきことという観点でお話しいただいてもよろしいですか。

直山 各自治体の教育委員会や教育センターがすべきこと，私は自分の自治体の中の学校に対して，2種類の支援が要ると思います。1点は目に見える支援で，もう1点は目に見えない支援です。

目に見える支援というのは，条件整備と考えています。文部科学省から，『英語ノート』という教材，カリキュラムが出された。教科書ではないので，全くその通りするべきものではないのですが，外国語活動の学習指導要領を具現化したものと考えています。今後，中学校英語で『英語ノート』を受けて授業が行われることを考えれば，すでに各自治体や学校で独自のカリキュラムをつくってきたところは，「うちのカリキュラムがすばらしいから，『英語ノート』は使わない」というのも1つの考え方かもしれませんが，それでは柔軟性がない。完璧なカリキュラムなどないので，自分のところのカリキュラムを見直す1つの手法として，この『英語ノート』を参考に

するくらいの余裕がないといけないと思います。

　ですから，この『英語ノート』と，独自に作成したカリキュラムとの整合性，自分のところに足りない点を『英語ノート』から取り入れるという形で再度自作のカリキュラムを見直し，目に見える教材，カリキュラムの条件整備をするということが大切です。

　そして，平成23年度から35時間きちんと担任ができるように学校で取り組むシステムをつくってあげることも大切です。担任の先生や学校長の考えは様々ですが，学校が一体とならないと外国語活動は進まないのです。「5，6年の担任だけ」とか，「1人のスーパー・ティーチャーだけ」では進まない。それでは，校内にもデコボコができるばかりです。中核教員なり，あるいは英語活動リーダーなりを中心に各自治体で一人でも多くの教員を集めて研修をする。その人に各学校で校内研修を組んでもらう。その校内研修を組んだものをもう一度教育委員会が吸い上げて，点検する。そして，成果を出してもらう形にする。加えて，互いに交流できる場を持たせるのも行政の仕事。研修も，やりっぱなしではなく，それを広げていくという作業が必ず要ると思います。

　目に見えない支援としては，先生方には不満と不安がいっぱいあります。その不安の部分を委員会がどう支えるか。安心させてあげられるような研修会をするということ。それから，学校へ指導主事が出向いて，授業を見ながら声かけをするのがとても大事だということ。ネットワークづくりですね。指導主事は1人しかいない。でも，教員は幾らでもいるわけです。1人で対応はできないから，ネットワークづくりをする。ネットワークをつくるのが指導主事の仕事，委員会の仕事。先生同士のつながりをつくってあげることです。

　学級担任もそうでしょう。担任が1人で子どもを完璧に40人も教えられない。子どもは子どもの中で育っていく。子ども同士でのネットワークを

第1章　小学校外国語活動ビフォー・アンド・アフター：ビフォー

つくるのも担任の役目です。先生同士，横つながりができるようなシステムをつくるとか，どのように発信していくかという企画立案をしていくのが行政の仕事です。この2年間，これをきちんとやっていくことで，自治体から全小学校に広がっていくと考えています。

菅　直山さんが言ったように，中核教員だけに任せるというのは荷が重過ぎると思うんです。中核教員の先生方ももちろん英語は専門ではありませんが，国や都道府県レベルの研修は受けています。その方をサポートする管理職，校長先生，教頭先生や副校長先生方がいかにその中核教員を支えるかということが成否にかかわるのだろうと思います。

　もし仮にその学校がうまくいかなくても，私は中核教員の責任ではないと思います。管理職の先生方が他の先生方を1つにできるか，つなぎ合わせられるかということだと思います。これが，校長先生，教頭先生，副校長先生方の大きな役割だと思います。

司会　私も中核教員の先生方が孤立してしまうという相談を受けることがあるんですが，今，菅先生，直山先生がおっしゃったような教員間のつながり，それに対してのトップの管理職の助言などが必要になってくるかと思います。

　兼重先生，大学の観点からどうでしょうか。

兼重　今回の様々な動きは，基本的に行政主導で動いてきています。私自身は，研究者として何年後かを考えると，移行期云々というよりも，完全実施を見越して，少なくとも現場にかかわっていくときには，学習指導要領なり『英語ノート』なりを中心に対応していくことが必要だろうと思っています。

　そのためには，どういうふうにサポートしていくのか。実際に学習指導

53

要領の解説書を余り読まずに研修に行く人もいますので，ある程度学習指導要領をくり返し説明しながら授業のコメントをするなど，研修でも工夫が必要になってきます。

　小学校の外国語活動を行う際の基本となる考え方は，学習指導要領だったり，『英語ノート』だったり，ICT 教材だったりですので，大学の先生は，自分の考えをまず措き，教育委員会や学校に対してどういうお手伝いができるのかということをよく行政の方と相談しながら，研修内容など適切かどうかを検討しながら，情報などを提供していく必要があるのではないかと思っています。

　また，学校によって随分ばらつきがありますので，その学校が求めている内容にこちらも対応していくというくらいの柔軟なお手伝いが，大学にも求められるでしょう。

　これから教員養成で送り出していく学生に，十分な情報，正しい情報をまず伝えておいて，その中で，彼ら彼女らが現場に出たときに混乱しないような手立てをしていくのが移行期での大学の仕事かなと思っています。もちろん，卒業してからもサポートしないといけないとは思いますが。

司会　それでは，一番の当事者である現場の声として梅本先生いかがですか。

梅本　移行期に，まずしなければならないと思うのは，組織づくりです。中核教員という話が出ていますが，中核教員が中心になってみんなを動かしていけるような部署を組織的につくっていかないと，外国語活動の話をどこでするのだといったときに，話す場が職員会議でしかないのでは困ります。ですから，校内における外国語活動について話す部署をきちんとつくっていかなければならないと思います。

　それから，我々が行ってきたことなのですが，無理してでも打ち合わせ

はぜひやってほしいのです。打ち合わせというのは，例えばチーム・ティーチングですと，ALTが入って，学級担任が3人いれば，3人全員入る。あるいはALTがいない場合は担任が集まって，「来週の英語活動はどうしようか」と，打ち合わせといいますか，英語学年会といいますか，そういうことを毎週するほうがよいと思います。この積み重ねがあるかないかで大きな違いが出てくると思います。

　打ち合わせをしなくても，授業は徐々にできるようになってきますが，例えば，これから「何をやっていこうか」とか，授業が終わったら「どんなだった？」とか話しながら，先ほどネットワークという話がありましたが，失敗した事項のデータを集めるとか，そういうことがやっぱりとても大事ではないかと思います。

　もちろん打ち合わせだけではなくて，研究授業も積極的にしてほしいですね。授業をしながら，「今，うちの学校の外国語活動の授業レベルはここまで来ている」とか，それが，校内の基準づくりになると思うので，研究授業をして，校内のすべての先生と共通理解を図るというのは本当に大事なことだと思います。

　これは菅先生も先ほどおっしゃいましたが，あわててもダメだと思いま

す。「急がば回れ」で，こつこつと打ち合わせをしたり，先生方と職員室内でわいわいガヤガヤいろいろな話をしながら進めていくというのがよいと思います。

司会 つまり，PDCA（Plan, Do, Check, Act）サイクルを学校の中につくるということですよね。

梅本 Aの後にS（Share）を入れて，みんなでシェアをする。それが一番足りなかったことだと私は思います。

菅 そうするとPDCASか。何度もこのサイクルを行うことを意味して，Sは小文字でいこう。PDCAs，複数形の。いかがですか。

梅本 いいですねえ。シェアするというのは，結構行われていないんですね。中学校1年生担当の先生は毎年変わりますが，毎年同じ間違いをするんです。「何でみんなでシェアしていないの？」と思うわけです。もちろん，わかるんです。先生方はシェアするほど時間的な余裕はないんですけどね。

直山 よく「時間がない」と言う先生がいます。時間がないのは事実ですが，それに対してはやっぱり行政がシステムをつくってあげなければいけない。忙しくて，小中交流ができる時間がないとか，中学校の先生は忙しくて小学校の授業に行けないとか言われるから，ここは行政がそのようなシステムをつくってあげなければいけないと思います。

　例えば学校だったら，組織だって管理職を中心につくらなければいけないと思います。先生同士ではなかなかできません。

梅本 私はまず市単位の研修などで，全ての教員に共通理解を図ることが大切だと思います。これがあると打ち合わせの時間が短くなると思います。市で教えてもらっていますから，あまりもめることもなくなる。そこから，各学校の状況や子どもたちの現状を考えながら独自の指導を行っていく。そのためには打ち合わせというのは本当に必要で，それをいかに短時間で効果的にできるようにするかということも考えていかなければなりません。

司会 それも1つの組織マネージメントですが，それは市教委を初め教育委員会がまず，イニシアチブをとって，そういうPDCAsサイクルをつくり出していく。

　しかし，みなさんがおっしゃったように，すぐに結果を求めるようなことはしないという視点が大切かと思います。「この移行期間の間にあわてるな」と。結局それで犠牲になっていくのは子どもたちですから，そこを避けないといけないと思います。

菅 だから，初めは「だれでもできる」というネーミングで，「私にもできる」とまず思うような外国語活動でなければいけません。しかし，シェアすることによって，「みんなできる」になる。そうすると，5年後か10年後に，「私だからできる」というふうになって，それはそれでいいと思うんです。つまり，みんなで手をつないでやってきたけれど，それぞれの先生方は個性があるわけだから，自分の色を出して，子どもたちにすばらしいものを伝えていけばよいわけです。まだそこまでには時間がかかるので，「私にもできる」，「みんなでできる」という段階をまず踏むことだと思います。

直山 確かにあせる必要はない。学校の先生はあせる必要はないと思うけれども，教育委員会はもっと先を見通して，もっと動かなければいけない。い

ろいろなところで，出会うたびに「えっ？」と思う。もっと教育委員会はあせらなければいけない。先の見通しをもう少し計画的につくっていかなければいけないのではないかとも思います。

司会 それは私にとっては耳が痛い話です。

菅 それはなかなか難しいところもありますね。予算の面など，様々なものがありますからね。

直山 お金がなくても知恵はあるから。

司会 ピンチがそれこそチャンスになっていくこともありますからね。

第2章

小学校外国語活動ビフォー・アンド・アフター

アフター

1. カリキュラムの作成
2. 保護者への説明と保護者の理解
3. 『英語ノート』の使い方
4. ICT の活用
5. 外国語活動を担任が担うわけ
6. 外国語活動で注意すべき点
7. 評価の在り方
8. 研修の在り方
9. 低・中学年の取り扱い
10. 文字の取り扱い
11. 小中連携
12. 外国語活動で気になる点
13. 外国語活動に対する想い

1. カリキュラムの作成

司会 先ほども移行期間について，どういうことをしていくべきかということでみなさんのお話を聞いたのですが，いよいよ平成23年度からの完全実施に向けて，恐らくこの辺も，先生方に不安なところがあると思われます。

　特にカリキュラム作成の点では悩まれると思います。まだ年間5時間しか実施していない学校もあります。それが，移行期間を経て，23年度の完全実施に向けてどこが一番難しいかといったら，まずどんなカリキュラムをつくったらいいのかという，カリキュラム作成の部分に非常に大きな課題があると思います。

　そこで，カリキュラムの作成について，まず直山先生からお聞きしたいと思いますが，23年度の実施に向けて，アドバイスなどありますか。

直山 各自治体や学校で独自にカリキュラムをつくっている場合と，全く何もしていない場合とがあります。まず，何もしていない場合については，もう独自のものをつくる必要はないと思います。せっかく文部科学省から『英語ノート』が出てきたのですから，これを利用するべきだと思います。『英語ノート』は研究開発学校の今までの実績を整理されてできたものだとお聞きしているので，あれをベースにされるとよいと思います。

　ただ，あれは年間35時間配当で1冊できていますので，ご自身の学校，自治体が年間15時間とか25時間という設定だったら，その35時間の中のどれをとるのかという点については，やはり学校の先生方や学校独自で見極めるのはとても難しいと思います。そこで教育委員会が『英語ノート』をきちんと分析しなければなりません。目標とか，学習内容とか，使われる言語材料，どんな場面でコミュニケーションが図られるのかなどについて，『英語ノート』からきちんと分析して，どこの部分を指導するかという

ことを考えて作成する必要があります。

　一方，既にカリキュラムがあるところは，さっきも申し上げたように，自分のところのカリキュラムとの整合性を図る。そして，足りない部分を取り入れる。例えば京都市は既にカリキュラムがありますが，世界の言語，世界の文化を取り入れていないんです。『英語ノート』にはそういうものがいっぱい散りばめられているので，その部分をすべて取り入れた年間計画を作成し直しています。

司会　ということは，既にあるところは，その補完作業としての『英語ノート』の活用を考えられるということですが，文部科学省の菅先生からしたら，そういう考え方でよろしいですか。

菅　そうですね。移行期間中にでも結構なんですが，つまり，直山先生もおっしゃったように，それぞれの学校では，学習指導要領に沿ってどういう指導内容にしていくかということを，『英語ノート』も参考にしながら，今まで実践されてきたものとの，まさに整合性をとることです。

　しかし，その整合性をとるときに間違っていけないことは，学習指導要領の目標に向かってその指導がなされるかどうかということです。ですから，今までやってこられたものをすべてやめなさいということでは決してないので，子どもたちが非常に活発に活動したとか，非常に食いつきがよかったということは，何も捨て去ることではなくて，どしどし取り入れればよいわけです。その辺も考慮しながら，移行期間に完全実施に向けてつくっておくべきです。

　ただし，その内容が子どもたちに合ったものかどうかは，先生方が実際に実践してみて初めて分かることです。カリキュラムは変えられないものではないので，子どもたちの日々の変化に合わせながら，リメイクしてい

くということも大切なことだろうと思います。

司会 スクラップ・アンド・ビルド・アンド・リメイクというようなことを言われましたが、では、現場で、梅本先生、何かアドバイスがありましたらお願いします。

梅本 やはり自分たちの学校でつくったものには愛着があって、なかなか変えたくないなど、様々な意見もあるかもしれませんが、我々を取り囲んでいる外部環境がもうガラッと変っていることに気づくべきです。つまり、学習指導要領が出たとか、『英語ノート』が示されて、それを授業で使用するようになったことをまず認識しながら、子どもの実態にどう合わせていくのかと考えれば、やはり一度つくり直さなければいけないと思います。

　『英語ノート』というのは、うまく使えばすばらしい子どもを育てることができると思います。すでにカリキュラムのある学校は捨てるところは思い切って捨てていく。残すところは残していく。新しい小学校の外国語活動をつくっていくという視点で、また新たにやっていかないといけないと思っています。

司会 もうそういう動きをされているんですか。

梅本 やっています。

司会 天野小学校には10年以上にもわたる確固たるカリキュラムが今までにありますよね。それのスクラップ・アンド・ビルドというのは,『英語ノート』を活用するという視点で,もう既に動いているのですね。

梅本 そうです。学習指導要領が示されましたからね。今までつくったものはそれに基づいていないということです。ですから,何のためらいもなく捨てていきます。
　その後で,先生方の気持ちを変えていくというところが,次の課題でしょう。そして,これからのカリキュラムをそれぞれの先生が愛情を注いで,何年かけてつくっていくということではないでしょうか。

菅 そのカリキュラムをつくるときに必要なのは,「カリキュラム・マネージメント」の考え方にもあるように,最終目的がどこなのかという到達地点からつくっていかなければならないと思います。5年生の1学期ではこれをやって,2学期にこれをやって,こういう力をつけて,などと続けて考えていくと,もう目標が余りにも縁遠いというか,理想形になってしまうので,子どもたちに合った6年生の最終目的地をまず先生方でシェアしながら,そこからどんどんバックワードデザインのようにして,5年生のスタート地点,あるいは4年生から取り入れているというのであれば,4年生まで遡って考えていくということをしていかなければよいものはできないと思います。

司会 兼重先生の立場からはいかがですか。

兼重 これまで英語活動を何もしてこなかった学校に関しては,『英語ノート』を使うのが無難だと思います。『英語ノート』は共通の内容ということになっていますので,どこでも使えるように,だれでも使えるようにというのがコンセプトだと思います。しかし,実際にそれぞれの子どもたちに触れさせてあげるときにどういうふうにアレンジしていくのかというのが,『英語ノート』に関して,大切なことだと思います。

　指導資料に関しても,4時間ユニットをメインにつくられていると思うんですが,4時間も時間をかける必要もないところもあるでしょうし,4時間を6時間,8時間に膨らませることも可能だろうと思います。

　それから,年間の指導を考えると,2年間をまず考え,次に1年間ごとの指導を考えていきます。加えて,可能であれば中学校導入期レベルまでも考えた上で,学習計画をつくっていく必要が出てきます。つまり,小中連携も視野に入れながらということになります。

　どこの学校でも起こることだと思うのですが,でき上がったカリキュラムをそのまま使うのではなくて,それをいかにアレンジして使うか,工夫して使うかという考えがないと,絶対にうまくいかないと思います。これは,でき上がったものをそのまま使うというのではやはりうまくいかないという事例が結構出ていますので,どうアレンジするか。先ほども言われた,スクラップ・アンド・ビルド・アンド・リメイクという,そのためには何度も振り返ることをきちんとしなければいけないと思います。

司会 ということで,先ほどもありましたが,学習指導要領に基づいてどのよう

な子どもをつくるかという学校のねらいを明確にした上でカリキュラムをつくっていくことが必要だということでした。

　ただし，ここにはやはり保護者への説明責任というものが出てくるんですが，菅先生，あれは平成16年度でしたが，保護者への意識調査の中で，保護者の6割以上の人たちが小学校への英語の導入に賛成している。「早く触れれば触れるほど，英語は聞けるようになるだろう，話せるようになるだろう」という，いわゆるスキルの面での期待というのが賛成の理由でした。

　ところが，学習指導要領では，先ほどもお話が出たように，「子どもたちのコミュニケーション能力を，母語とともに英語という切り口で高めていく」とされています。その辺の保護者への説明が非常に大切になってくると思うんですが。

2. 保護者への説明と保護者の理解

菅　そうですね。それは行政の課題でもあり，各学校の校長先生，教頭先生などから保護者への周知という点も大切になってくると思います。これはマスコミのせいもあるのですが，確かに，小学校に英語が導入されれば，子どもたちは話せるようになる，聞けるようになるだろうという幻想あるいは夢を抱くわけです。当然だろうと思います。

　いろいろなデータもあるのですが，確かに賛成の保護者が多い。しかし，

指導者が担任だとなると，保護者は少し不安になる。質問として，保護者に，「担当者はだれがよいか」あるいは「だれに教えてもらいたいか」というと，「担任の先生とネイティブ・スピーカー」と，つまり，担任の先生方は英語を専門としていないということを保護者は分かっている。担任の先生に指導されて英語が流暢になるなんていうことは，たぶん保護者は思っていないと思うんです。ただ，英語が導入されるということだけで走り出して，「うちの子どもは話せるようになるんだ。聞けるようになるんだ」と思い込んでいる。しかし，実際に実施されたら，1年たっても How are you? しか言わないとか，I'm fine. しか言えないという子どもがひょっとしたら出るかもしれない。当然です。目的が違うんですから。

　現在の子どもたちの状況を見てくると，本当に子どもと保護者がコミュニケーションをとっていますか？　子どもがお父さんお母さんとコミュニケーションをきちんととろうとしていますか？　そこに立ち返って考えてみると，英語以前の問題，つまり，コミュニケーション能力の低下の原因は結構家庭内にありませんかという話になってくるわけです。

　ですから，小学校だけで英語が流暢になるなんていうことはあり得ないわけで，常日頃申しているのは，本当に使える英語教育を望むのであれば，小学校，中学校，高校あるいは大学までかもしれませんが，長い目で見てほしいわけです。それを，1年や2年で，週1回くらいの英語活動で流暢に話せるようになりましたなんていうことは，どう考えてもあり得ない。それをご理解いただきたいと思うわけです。

司会　学校勤務の梅本先生などは，保護者にその辺の説明はどういうふうにされていますか。

梅本　やはり可能な限り現状をオープンにしていくということだと思います。

一番分かっていただけるのは、やっぱり授業参観です。授業参観で積極的に英語の時間を公開していくということが大切です。また、ホームページや学年だよりなどを活用して、普段の様子を知らせることも効果的です。

直山 授業で何か作成したものを、保護者がよく通るところに意図的に掲示する。それから、参観日のときにそれらを教室の中などにきちんと貼るとか。

そのときに、単に貼るだけでは、保護者はよく分からない。テキストもないし、子どもが学校の45分の中で聞いたり言ったりしたけれども、家に帰って、それを全部聞いて言えるかというと、そういうことはないですよね。あの授業の中で、先生がいるから、友だちがいるからできているわけです。コミュニケーションを図るものですから。それが、家へ帰ると、「きょう英語があったでしょう。何習った？ 犬は英語で何て言うの？」とやる保護者がいる。私がそうだった。それで私の子どもは見事に英語が嫌いになりました。

だから、それをやってはいけないよということを、今、梅本先生がおっしゃったように、参観のとき、学年懇談会のときにお知らせする。それと一緒に掲示物を貼るときにきちんと説明を書く。「こんな部分で英語を使い

ました」ということを添えてあげて発信していかないと，親は英語活動を受けた経験がないわけです。家に帰って，「子どもはこんなことを言えるようになった，聞けるようになった」が目的ではないので，学校や教師がきちんと情報発信をすることが，保護者に理解してもらえる近道だと思います。

司会 つくったものを持って帰るとかね。それから，家庭で英語活動の話になっていくということですね。

直山 そうそう。それを題材に，「どうやってつくったの？ じゃあ今度一緒にやってみない？」とかいうことです。さっき菅先生が保護者の責任とおっしゃっていて，親が言葉を使わなくなった。そういう部分で，それらの教材や題材で，子どもと親がコミュニケーションを図るということがあり得ますよね。

司会 だれかが，茶の間で話題に出る外国語活動にしなければいけないと言っていましたね。

菅 それは私です。それを言ったのは，『英語ノート』のつくり方のときにお話ししようと思ったのですが，『英語ノート』を子どもたちのものではなくて家庭のものにしたいという思いが，実はあるんです。小学校の英語活動というのは子どもたち，学校現場だけの課題ではなく，国民にとっての課題として示したものなんです。国民全体に意識改革を行っていくことが大切だろうと思います。

兼重 例えば，シンガポールの英語の教科書があります。ちょっと英語のレベ

ルが違うかもしれませんが,家に帰って,こういう活動をしてみようというコメントがついています。to parents という項目があって,ああいうのもおもしろいと思います。しかし,日本で言うところの英語力というもの自体が実はとても不安定というか,何をもって英語力と言っているのか分からない現状で,英語がぺらぺらになるとか,テストや資格試験でどれくらい点が取れるかという数値化された英語力(能力)を,今回の小学校外国語活動の成果として期待されてしまうと,逆に危険なのかなとも思います。趣旨がきっちりと伝わらなければ,外国語活動のねらいが達成できない危険性もあるかなという気がします。

司会 梅本先生はもう10年以上,教科「英語」ということで取り組んでこられたわけですが,始めた当初と10年を経た現在とで,保護者の期待の質が変わってきたということはありますか。

梅本 そうですね。とにかく英語の学習を嫌いになってほしくないというのが保護者にはあります。本格的に始まるのは中学校以降だというのは分かっていますから,そういう意味でも英語を嫌いにさせてほしくないというわけです。

　それと,実際に触れ合う体験を十分にしてほしいという保護者の願いを感じます。授業を見ていただく中で,スキルというのをねらっているのではないんだというのは,だんだん分かってきたようです。

直山 それはそう思います。初めのころは,親は,「すぐ聞けるようになって,話せるようになるんだ」という思いがすごく感じられたのですが,少しずつやっていくうちに,保護者も変わってきたと思います。反応がソフトになってきていますね。

菅 　保護者にしても，学校の先生方が一生懸命やっているということは分かるんですよ。忙しい中で，まして英語の専門でもないのに，こんなことを本当に強いていいものなのだろうかと。一生懸命先生方が頑張っている姿を見れば分かりますよね。

　確かに期待は大きいかもしれませんが，言語教育というのは小学校で終わるものではなくて，外国語なんてそう簡単に身につくものではないんですよね。子どもたちが努力しないと身につかない面が大きいと思います。発音が悪いとかよく言われますが，例えばthの音にしろrの音にしろ，日本語にない音なんですから，これは意識して発音しようと思わない限り発音できるようにはなりません。母語のように，生まれてすぐに定着したものとは違うのです。ですから，1，2年，あるいは3，4年間でそう簡単に身につくものではないということは保護者自身が分かっているはずなんです。

梅本 　天野小学校では，3段階で通知表をつくっているんです。我々はかなりプラス指向で評定をつけていましたから，通知表が，子どもを褒めるきっかけになっているんですね。また，子どもたちは一番思い出に残った言葉の

第2章 小学校外国語活動ビフォー・アンド・アフター：アフター

体験を書いて，家庭に年に一度持って帰るんです。持って帰ることによって，それをもとに保護者が子どもを褒めてくれるんです。

菅 そこは形成的評価で，地域も保護者も，みんなで子どもたちを育てていきましょうという姿勢が見えます。例えば，評定が1，2，3の3段階だとしたら，厳密につけると，1をつける子も出てくるわけでしょう。そうすると，その段階で，「僕は英語が嫌い」と変わる子どもも出てくるわけじゃないですか。だから，英語の定着を図るとか，「これが聞ける」，「これが話せる」というふうに評価の軸を決めてしまうと，「できる」，「できない」となってしまって，本当の言語力の基本的な素地をつくる以前に，子どもたちを英語嫌いにしてしまう可能性があります。英語以前の問題なのに，英語嫌いを育ててしまう。だから，やはり学校が注意しなければならないし，保護者にも理解してもらって，ともに歩まなければいけないと思います。

司会 今も評価の話が出ましたが，この評価も大きな課題として，後ほどみなさんのご意見をお聞きしたいと思います。

つまりは，学校にも教育委員会にも説明責任というものがあるのですが，これから実際に現場で『英語ノート』をほとんどの子が使っていく。それはもう保護者もよく分かっていることだと思うのですが，その『英語ノート』の活用についてという点で，今お話しいただきたいと思います。

くり返しになりますが，菅先生，『英語ノート』は教科書ではないので，使用義務はないのですね。

菅 はい。『英語ノート』は学習指導要領にのっとって作成はしていますが，教科書の類ではありません。ですから，法令上使わなければいけないというものでもありません。

司会 もう1点，年間35時間分，それぞれ9レッスンずつになっているんですが，トータル18レッスンを2年間でやらなくてはならないということは，また同時に，ないわけですね。

菅 もちろんです。副読本扱いですので，各学校の子どもたちの状況を見ながら，使えるレッスンを選択すること，「ここはうちの子どもたちには合わないから使わない」，それはあってよいことだと思います。カリキュラムをつくる際にもそこを考えながら組み立てていかなければいけないと思います。つまり，『英語ノート』で何を子どもたちに伝えようとしているのか。子どもたちのどの力を向上させようとしているのかということを，先生方にまず理解してもらわなければいけません。

　ただ，『英語ノート』は教科書ではないと言いながらも，学習指導要領にのっとっているということを忘れてはいけません。小学校の学習指導要領と中学校の学習指導要領は同時に作成し，リンクしていますから，中学校ではその学習指導要領にのっとって教科書ができます。そういう意味では，小中の学習指導要領があって，それぞれ小学校では『英語ノート』，中学校では教科書で指導を行う。すると，小中学校の連携を考えると，やはり『英語ノート』を使っていただくと，中学校の教科書と連携が図られているということは当然あるわけです。多くの中学校の教科書がそうなっているでしょうから。

　ですから，まず使っていただいて，中学校との連携なども考えていただければと思います。

3. 『英語ノート』の使い方

司会 兼重先生は,『英語ノート』を研修などで使われていると思いますが,大学サイドではあの『英語ノート』をどのようにごらんになっていますか。

兼重 先ほども少しお話しましたが,どこでも使えて,だれでも使えるというのをベースにしてあると思いますので,あそこから本当にどういうふうに発展させていくのかというのが,逆に言えば先生方の楽しみというか,参照先としてとても使いやすいものだと思います。

　ただ,指導資料をしっかり読んでいただく必要があるのではないかと思います。『英語ノート』には,絵とか活動が少し書いてあるだけで,それをすればよい,前から順番にやればよいというふうになってしまうと,先生方にとってはとても簡単に見えるかもしれませんが,実は間違った使い方をしてしまったりとか,授業の組み立ての流れをうまく反映したりすることができないことがありますので,必ず指導資料を読んでいただく必要があると思います。

　地域によっては,その地域ごと,または学校ごとに,それぞれのレッスンを書きかえて,分かりやすいように,そして,先生方が使いやすいように指導資料を活用されているところもありますので,今度はいかに有効に活用していくのかということに先生方が楽しみを見出していかれれば,私はとてもよい教材になると思います。

司会 いかに使っていくかというところが今回の課題になっていくということになりますが,直山先生,効果的な使用ということで,どういうふうにお考えですか。

直山 さっき，既にカリキュラムがある学校と全くない学校というお話をしました。ある程度やってきて，独自のカリキュラムを持っている学校は，補完する形で使うことができると思うのですが，今までつくっておられない学校は，『英語ノート』をとりあえずやってみることです。今，兼重先生がおっしゃったように，指導資料を読まれて，とりあえずやってみることです。

　やってみるのだけれど，その後に，自分の目の前の子どもに合うようにつくり変えるという作業を2年目にしなければならないと頭に入れながら，とりあえず1年目はこれでやってみようと考えることです。

　英語活動リーダーの先生や中核教員の先生が他の先生方に振り返りカードを配って書いてもらう。レッスン1の1時間目をやった際，うちのクラスの子はこれはよかったけど，この点はダメだったというふうに，本当に1行2行でいいから書いてもらい，職員室の前のボックスに入れておいてもらう。それが1週間たまったらリーダーの先生がまとめていくという毎日の積み上げをやっていくことで，全体像が見えてきます。

司会 英語活動リーダーというのは何ですか？

直山 英語活動主任さんとか，いろいろ学校で呼び名があると思います。英語活動をその学校で中心的に進めていかれる方を置く必要がありますし，そういう方がまとめ役で，毎回そのようなカードを集めて回る。そして最後に学年末の3月にまとめて，カリキュラムを少しつくり直すという作業を2年目にしていく。

　私は，この小学校英語活動の意義は，教員がカリキュラムを改めて見直すということにもあると思います。今まで算数や理科や社会では自分たちでカリキュラムをつくる作業は，ゼロからはしてこなかった。いつも学習指導要領があり，それを具現化した教科書があり，教科書をどう教えるか

ということばかりに目がいっていた。何を教えるかということ，何のために教えるかということを余り意識してこなかった。

やっぱり私たちが授業をつくるときには，何のためにこれを教えるのかということをしっかり理解していなかったら，効果的な指導法は生まれてはきません。この英語活動が導入されたことが，学校教育のカリキュラムに対する考え方を大きく変えると思います。そういう意味で，『英語ノート』をやればいいのですが，「いただき」で，「棚ぼた」式でやってしまわないことです。自分のところの学校に合うようにつくり変えるということを念頭に置きながらされたほうがよいと思います。

司会 直山先生がおっしゃったように，私は，英語活動，外国語活動が始まったということは，授業のあり方の見直しになるだろうし，本当に大きく変わるきっかけになるのではないかと思います。

梅本先生のところは，『英語ノート』配布以前はどうでしたか？

梅本 拠点校のみに配布されていた『英語ノート』（試作版）をコピーして使わせてもらっていました。

司会 実際に使われて，どうでしたか。

梅本　外国語活動の目標には柱が3つ書かれていますが,『英語ノート』は結局,それを達成するためのきっかけですよね。だから,『英語ノート』をきっかけにして,子ども同士でコミュニケーションを図らせようと思うわけです。

　先ほど兼重先生が,指導資料をよく読もうというお話をされましたが,1つ1つの活動というのは目標があってつくられているのですから,その3つの外国語活動の目標と,今,この活動は何のためにやっているのかということを指導者は把握しながら,それを進めていく必要があります。

　それと,2年間,70時間同じパターンでやられると,中身をいくら工夫されても,マンネリ化することになりますので,やはりいろいろなパターン,いろいろなものを使って,例えば『英語ノート』に準拠した形で自作のワークシートをつくったり,ICTを使った教材をつくったりとか,そういう地道な開発というのも必要になってくると思います。

司会　今までのお話を聞いておりますと,『英語ノート』をそのまま使うのではなくて,それを学校でもう1回リメイクして活用することが必要であるということが出てきました。

　菅先生,恐らく『英語ノート』の完成に至るまで,いろいろ裏話があると思うのですが,その辺の作成秘話みたいなことがあれば紹介していただけませんか。

菅　まず,「総合的な学習の時間」において,全国の多くの学校で英語活動に取り組んでこられたのですが,やはり様々な考え方があって,時間数や内容,教材にばらつきがありました。そこで,外国語活動を導入するに当たっては,中央教育審議会の報告に共通教材というキー・ワードが出てきます。つまり,共通教材を文部科学省として作成することが大切であるということが何度も中央教育審議会では述べられています。

そこで『英語ノート』が出てくるわけです。しかし、その『英語ノート』を文部科学省が勝手につくったというわけではなくて、梅本先生の学校もそうですが、天野小学校などの多くの研究開発学校が十数年にわたって研究開発をしてきたデータをベースに共通教材として作成しようとしたわけです。そのデータを1つにまとめあげるということに結構時間をかけました。

その後、データから作成に至るまでには、実は非常にタイトなスケジュールでした。約3か月で、プランから、イラストから、内容から、ほとんど寝ずに、休みもなく、土日もなく、委員の先生方と作成したということが裏にはありました。

各小学校の先生方がご努力されたその長期間のデータというものは、文部科学省としては本当に大きな宝だったと思います。『英語ノート』に転化するということはそれほどの作業ではなかったと思いますが、とにかく昼なのか夜なのか分からない状態で、3日3晩徹夜みたいなときも確かにありました。今となってはよい思い出ですが。

その共通教材というのは、もちろん『英語ノート』だけではなく、それに付属する音声CD、また、先生方がどうやって『英語ノート』を使うべきかということが書かれた教師用指導資料、そしてICT、電子黒板用ソフトです。『英語ノート』と同時期にいろいろなものをつくっていますので、『英語ノート』をつくりながら音声CDもつくり、そして次の日は指導資料もつくり、ICTのソフトもつくる。同じ時期に、5種類、6種類を

作成してきたので，時間的にはかなり苦しいときがありましたね。

　委員の先生方もへろへろになって作成したのですが，子どもたちのためと思って頑張っていただいたので，あのようなすばらしいものができたと思っています。

4. ICTの活用

司会　非常にタイトなスケジュールの中でつくられたということですが，最後に菅先生から出てきたICTというのは，具体的にどういうものを指しているのですか。

菅　ICTはインフォメーション・アンド・コミュニケーション・テクノロジーの略です。情報ツールですね。画像と音声とを1つにしたものです。もう既に各小学校には配布させていただいていますが，まだまだ使い方を理解されていない方もおられると思います。

　つまり，コミュニケーションという領域ですので，子どもたちがテキストを見て学ぶというものだけではないのです。担任の先生やネイティブ・スピーカーと対面しながら言葉を使ってコミュニケーションを図るということなので，子どもたちの目線を先生方のほうに向けるという意味でも，ICTは効果があると思います。

司会　梅本先生，ICTは実際に使ったことがありますか。

梅本　はい。使わせてもらいました。あれを使うと，子どもが前を向きますよね。『英語ノート』を持っていると，「さあ聞いてみよう」と言うと子どもたち

は下をずっと見てしまいます。ところが，ICT を使いますと，プロジェクターなどで前に投影されますから，先生も，「ここを見なさい」ということで，黙ってヒントを子どもたちに提示できるんです。

　それと，音声を聞くことに加えて，映像にもヒントがあります。情報が1つふえますから，聞き取りが苦手という子も映像を見ながら，少しずつ聞き取れる範囲が広がっていく。楽しく聞けるという面もあると思います。

　そして，CD やラジカセでは，止めたいときにうまく止まらないとか，トラックナンバー 65 を出す時などは子どもたちに，「待ってね」とか言って頭出しをしなければならないということがありますが，ICT のソフトではすぐ出せるので，そういう点は優れていると思いますし，担任の先生が非常に使いやすいように考えられています。

菅　だから，英語が得意でないという先生方にとってはすごく手助けになると思いますし，ALT，ネイティブ・スピーカーの先生が毎時間授業に参加できるというわけでもないので，そこをどうサポートしようかということを考えて作成に踏み切ったのです。日本の英語教育では音声をどう取り扱ってきたかというと，昔は先生の発音あるいは表現をリピートさせる，まねをさせるということから始まってきたと思います。

その後，カセットテープが出てきて，ネイティブ・スピーカーの声を子どもたちに聞かせるということができるようになった。私も指導者としてはカセットテープを使ってきた世代です。そのときには，頭出しにかなり時間がかかったり，途中でカセットテープが切れたりと，最悪でした。これは昭和の時代のことです。

　平成の時代になるとCDに代わってきます。でも，先ほど言われたように，トラック番号が多かったりすると大変なことになり，非常にロスがあったんですね。
　今度は，技術革新で，ICTの時代。触れただけで音声が出てくる電子黒板という，まさに先生方の授業をサポートしてくれるすぐれ物が現れてきました。
　もう1つ言いたいことは，このICTというのは，何も英語あるいは外国語教育に関するものだけにとどまりません。1つの授業改革，授業革新という意味では，大きな流れをつくるのではないかと思っています。
　つまり，今までは担当の先生が教科書とチョークで授業をしてきた。それがアナログの授業だったのでしょうが，今度はデジタルの機材を使って，先生方が苦手なところはサポートさせる。しかし，それは英語に限らず，

例えば理科や数学や算数や国語，そういう教科でもどんどん使われ出すのではないか。その発火点はひょっとしたら外国語活動になるかもしれない。そういう意味では，今回，大きな授業改革の先鞭をつけたような気がします。

司会 確かに，ICT が授業の技術革新の役割を果たすのではないかということがありましたが，実際 ICT と聞いただけで，「これは私にはできない」と思ってしまう先生方もいらっしゃるわけです。その辺の使い勝手というのは，梅本先生，だれでもできるということで自信を持っていけますか。

梅本 そうですね。使わせていただいた教材は操作が簡単で，複雑なボタンもないので，誰でもできると思います。

菅 その辺は考えました。英語の苦手な先生もおられる，あるいは機械が苦手な方も，コンピュータが余り得意ではない先生もいる。そういう意味では，うちの80歳近い母でも使えるようなものができないかということを考えて，非常に簡単な操作で動くようにしています。

司会 ただ，ICT というと，私が勝手に造詣が深いと思っている兼重先生，先生はどうですか。ICT 機器について。

兼重 私も授業で使ったことがありますが，やっぱり子どもたちのほうを向いて活動できるのが大きい点です。

それから，音声のことも言われましたが，常にプロジェクターとして出しておかなくても，どの場面でどの音を出したいかというのは先生方のコンピュータ上で見ながら，クリックして選べますし，一時停止も簡単です。

技術的に言うと，CDの場合は1つのトラックに何秒という決まりがあると思うのですが，ICT教材の場合はその点は少し緩いので，本当に使いたいところを何度も何度もくり返すことが可能になっていると思います。

　ただ，では逆に『英語ノート』がなくてよいのではないかと，究極的な話になってしまいますが，それもまた違っていて，中学校では机の上に本を開いて学習をするスタイルが多いことを考えていくと，やっぱりデジタルになっている教材が，子どもたちの手元に『英語ノート』として，アナログの教材があることが非常に大切だろうと思います。

　それから，デジタル教材がこれからどの方向に向かうかということですが，韓国では，コンピュータの中にすべてのテキストを入れてしまい，タブレットPCという，子どもたちが書いたものもそのまま保存されて，ノートのかわりにとして子どもたちに配って授業を進めているパイロット校もあるようです。子どもたちの認知スタイルとか，我々のアナログの感覚からすると，それがどのくらい記憶の助けになるのかというのが分からないのですが，その動向とも合わせながら，アナログとデジタルをうまく混ぜていかなければならないでしょう。

　35時間の授業の中で，ある程度デジタル教材を使えば，ALTが35時間常にかかわっているのと一緒で，よい意味で慣れてくるのかもしれませんが，子どもたちが飽きてくるということもあるので，いかにICTを使っていくのかを考えていく必要があります。子どもの興味に合わせて，それから先生が使いたいところを使っていくということが大切になると思います。

菅　確かに機械に先生方が使われてはいけないのです。あるいは先生方は機械のボタンを押す人になってしまったら，せっかくのコミュニケーション能力を育てるものなのに，「先生はボタンを押す人」ということになってしまいます。すると，指導力という点で問題が生じてくると思います。

例えば，中学校，高校の英語の先生方でも，機械を駆使して授業をしている方がいます。パワーポイントを使いながら授業をしている方もおられて，機械に頼る授業になってしまっている。つまり，アナログの授業ではなくて，デジタルの授業になっている。

　ある学校で一度見たのですが，授業中にパワーポイントがフリーズした。すると，急にデジタルの授業をアナログの授業にしなければならない。教科書とチョークを使って授業を始めたんですが，もう授業が成り立たないんです。普段からそういう機械を使った授業しかできない指導者になってしまっていたんです。

　これは結構危険なことなので，やはり教育というのは，特に言語教育，英語教育というものは，基本はアナログ。兼重先生がおっしゃったように，その機械をどう活用するか。活用能力ということも課題になってくるだろうと思います。

　最後に言いたいことは，福岡県の大牟田市の事例ですが，財政的にかなり厳しいところがあって，市として各小学校にALTを配置できないので，電子黒板を各学校に購入することになった。それはどういうことかと言うと，ALTを雇用すると，毎年例えば400万とか500万が要るわけです。もし仮に年間400万だったら，10年間で4000万という莫大な費用がかかってくる。財政というのは来年どうなるか分からない。再来年どうなるか分からない。経済状況が上向けばよいけれど，悪化すると財政がかなり苦しくなる。そのときにALTは雇用できないかもしれない。3年後には分からないということで，それよりも長期間使用できる電子黒板を各小学校に購入して，先生方の指導力を向上させよう。つまり，ALTに頼らずに先生方が自立できるようにしよう。今の段階だったら電子黒板は購入できるだろう。財源的なことを考えると，ALTももちろん効果は大きいだろうけれども，先のことは分からない。だから，今できること，つまり電子黒板を

購入して，先生方の指導力を向上させようというふうに動いているところもあります。

司会　子どもたちの意欲あるいは関心を高めるにはICT教材は非常に効果がある。しかし，ICTや機械に，逆に，使われるなということが話されました。ICT機器の使い方ということで，非常に肯定的な話を3人からしていただいている中で，その話を聞きながら，若干1名，非常に不満そうな顔をしている方がいらっしゃいます。

　直山先生，何かさっきから不満そうな顔をされていますが。

直山　不満じゃない。不安です。

司会　何かおっしゃりたいことがあれば，どうぞ。

直山　きっと，今，言われた3人の先生方は，使える人なんだなということを思ったんです。私なんかは本当に使えない。コードを差し込むことから分からない。

　それから，効果的なんだろうなということは予想もつくし，そういう授業も拝見したり，ICTを見ていて，すごいなあとも思う。自分がアナログでやるんだったら，国旗の絵カードも持ってこなければいけない，地図も持ってこなければいけない。その国の有名な建物の絵カードも持ってこなければならない。そういう時間もないし，そういう材料も探しにいかなければいけないというのはすごく大変だけれど，例えば『英語ノート』のICTがあれば，それは全部そろっていて，ボタン1つでできるという，効果的なこともよく分かっている。

　でも，それをどんなふうに使ってよいのか。そのボタンの押し方とか，

そういう技能だけではなくて，授業の中でどういう具合に入れたらよいのか，ぱっとイメージがわきにくい。言われることはとてもよく分かるんだけど，イメージがわきにくい。

司会 実際，小学校ではそういう先生も多いでしょうね。

梅本 そうですね。ただクリックするだけではダメですからね。そういう意味では，研修がやっぱり必要だと思います。

直山 それと，見せてもらうだけでは，「すごいなあ，梅本さんでもできるんだな」と思うので，みんなで研修するのでなく，最初は学校の中で，本当に手とり足とりやってほしいなと思います。

菅 しかし，そのうち先生方が慣れてくるので，もっと効果的なものを見つける人もいっぱいいると思いますよ。やはり経験がものをいうわけです。小学校の先生方というのはそういうことには慣れているのです。

司会 菅先生からも，ICTの教材を外国語活動にどのように活用したらよいか，もう1回簡単にお話しいただけますか。

菅 これは梅本先生が言われていた例ですが，1つのスピーチの中に，会話を入れていくということがあります。ね，梅本先生。

梅本 そうです。ICTで話されるスピーチを利用して，会話をするんです。ICTには，スピーチとして，Hello. My name is ○○. I'm from Canada. I want to be a teacher. I like kids. が入っています。そこで，

まずはICTのHello.だけを聞かせ,そこで一時停止させるんです。そして,私が,Hello, what's your name?と言います。次に,ICTを再生して,My name is ○○.を聞かせます。また止めます。そして私が,Where are you from?と尋ねます。そしてまたボタンを押すと,I'm from Canada.と答えます。そしてまた止める。

　私が,What do you want to be?と尋ねる。また再生させます。I want to be a teacher.と答える。そしてまた止める。Why?と私が尋ねる。例えばI like kids.とか言うわけです。そういうように,1人でもデモンストレーションできるんです。要は,デジタル教材というのはどこで止めるかというのが一番遊び心のあるところで,使い勝手がよく,遊び心で使っているという感じなんです。

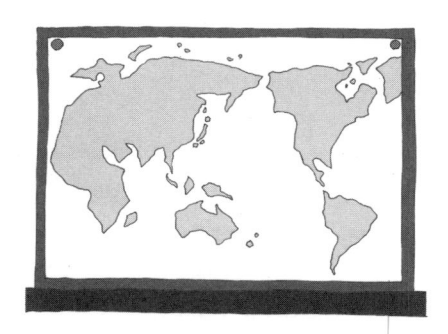

直山　今のを聞いていて私が思ったのは,「どこで止めるか」というのは,遊び心ではなく「技術じゃないの？」。

梅本　遊び心ですよ。

直山　今,話を聞いていて,子どもをいかに見ているかだなと思いました。「ああ,

そんなふうに使うのか」と。私はもっと難しく考えていました。

菅　私は，そこはちょっと否定的なところがあって，1人で授業をしている場合はそれでいいと思いますが，デジタル教材というのはやっぱり興味づけなんだろうと思います。人と人とが言葉を通して交じり合わないとコミュニケーションは成立しないわけで，機械と話をしても，機械が目を持っているわけでもないし，ジェスチャーをするわけでもない。単調な言葉に対して子どもたちが応答するだけです。そこには会話の間とか，人間同士の心の機微とかはないわけです。

梅本　我々がそのやり方を見つけたのは，子どもたちが Let's Listen のところを，「難しい，難しい」と言うからです。スピードも速いとか。スピードが速いということは，要するに何文かが続けて読まれているんですよね。単語1つ1つは，分かるんだけれども，それがうまくつながらない。

　小学校の英語では，やり取りを通して，子どもたちが「次に何を言うだろう」，「ここを聞き取ろう」とか推測しながら聞き取っていく。この Let's Listen をいかに楽しむかなんです。

菅　結局それはモデルにすぎないのですね。興味づけという意味合いですね。だから，そこに頼ると危険だということです。これを表現を定着させるために使おうと走ってしまう可能性もあるんです。

兼重　その ICT というのは，電子黒板用のソフトですが，ICT というもの自体がインフォメーション・アンド・コミュニケーション・テクノロジーですから，恐らくいろいろなところでも実践されていますが，コンピュータを媒介にしたコミュニケーションの手段のきっかけとしての使い方もできる

と思うんです。

　機械自体をどのように使っていくかという点と，どういうソフトを使っていくか，コンテンツを見て，どのような内容を取り入れていくか，どのような活動を加えていくかということを考えながら，コミュニケーションのツールとしてコンピュータとかインターネットをどう使っていくか，こう考えていくことも1つのICTの活用方法なのかなと思います。

　特に，ネイティブ・スピーカーが来てくれない地域とか，海外の人たちとかかわる機会が少ないような地域の場合は，これをうまく使うことで，コミュニケーションの機会を増やすことができますし，興味を引き付けることもできます。

5.　外国語活動を担任が担うわけ

司会　先ほど話が出たように，やはりICTというのは，それでもって定着を目指すというわけでは絶対にないということですよね。興味づけ，関心づけ，でもやっぱり言葉のやり取りは人間対人間がやらなくてはいけないということがありました。今の兼重先生のお話も含めて，活用という視点を考え合わせなければいけません。これも，先生方にとっては大きな課題になってきます。

　さて，ではこれから23年度完全実施に向けて，支援として『英語ノート』が配布されました。音声CD，それから今もあったICTも各学校に送られてきました。でも，課題として，やっぱり今の先生方の心に重いくさびを打ち込んでいるのが，「担任中心に」という言葉です。やはり英語には自信がない。でも，研修などでは担任中心で指導しなければいけない。では，担任中心というのは一体どういうことなのか，加えて担任の役割について，

少しお話を伺いたいと思います。

　直山先生，今までも何度か出てきましたが，担任が中心というのは一体どういうことなのかという点を中心にお話いただけるでしょうか。

直山　先ほど，どうして担任の先生かということをお話ししたのですが，「担任がやってね」と言うだけでは先生方は分からないので，担任の先生が授業の中でどういう役割を果たしているかということを言わないといけないと思います。担任の先生は「英語のモデル」ではない。「英語を使おうとするモデル」だということを，研修の中でも先生方に一番強くお伝えしています。

　先生方は「英語」の指導をしているのではなくて，「英語活動」の指導をしているんだということです。だから，英語のモデルではない。英語のモデルになるのはALTとかCDとかICTの教材が発する英語であって，先生たちはネイティブのような発音をする必要はないし，CDのような発音にならなければいけないというわけではありません。それを使おうとするモデルになることです。

　子どもたちは，ネイティブ・スピーカーの英語やCDの英語を聞いて，すごく自分と遠いなという具合に感じています。憧れであって，「あんな英語，僕たちはできない」と思ったときに，間に入るのが担任です。あんなふうに発音しなくてもいいんだよ。発音が先にありきじゃないんです。英語が先にありきじゃないんです。スラスラっとしゃべれることがいいんじゃないんです。thの発音が，ちゃんと舌をかんで出来ないかもしれない。ツラツラとしゃべれないかもしれない。けれども，それを使って何とか自分の思いを伝えようとしていることが一番大事で，それで相手に伝わるんだよということを子どもたちに示すんです。それが一番大きい担任の仕事だなと思います。

司会 英語を使うモデルとして，担任が子どもたちの背中を押していくということを，今，直山先生がおっしゃいましたが，実際現場として，梅本先生，担任が中心ということに対してはどう感じられますか。

梅本 教室の現場で子どもがいて，ネイティブ・スピーカーがいて，学級担任教師がいる。その担任の先生が持っている，人に何かを伝える力というのは，そのクラスの子どもたちにとって他のどの先生よりも強い。例えば，ネイティブ・スピーカーの先生が「こらっ」と言うのと，担任の先生が「こらっ」と言うのでは，同じ言葉でも伝わり方がかなり違うわけです。

　ですから，今，直山先生がおっしゃったこととかかわってくると思いますが，担任の先生は，非常に強力な影響力を持っています。このことを自覚しながら，担任の先生方は子どもとネイティブ・スピーカーとをつないでいく。そして，英語で話しかけながら，子どもと英語をつないだり，いろいろな世界のことを話題にしたりして，世界と子どもをつなげ，他の教科の内容を英語の時間でも扱い，他の学習と英語とをつなげたりして，橋渡しをする。授業を見ていると，つなげるという役割は担任の先生だけができることだと思います。

直山 今，つなげるという言い方をされましたけれど，たぶん私もそういうことかなと思います。子どもがいて，ALTがいたときに，やはりALTが話す英語と，子どもの持っている英語の力にはすごいギャップがあります。ALTが一生懸命しゃべってくれても，子どもは追いついていけない。そのギャップを埋めるのが担任の仕事です。

　今，梅本先生は，それをつなげると言いました。そのギャップをどう埋めるかが担任の仕事で，中にはALTがしゃべった英語を全部日本語に訳す人もいるし，ALTに「もう一度言って」，Speak more slowly. と言うかも

しれないし，Once again. と言うかもしれない。そういう具合に，ダイレクトに ALT に「もう1回言って」，「ゆっくり言って」と言うやり方もあるし，あるいは ALT のしゃべった英語を，担任がもう一度大事なキー・ワードだけをくり返す場合もあるでしょう。ジェスチャーで子どもと ALT のギャップを埋める人もいる。いろいろなやり方があるとは思いますが，とにかく，ネイティブ・スピーカーと子どもたちとの間の理解度を増すように動くのが担任の仕事だと思います。

菅 担任の先生には3つの役割があると私は思っています。まず，英語を使うモデルとしての役割が1つ，授業案，授業づくり，あるいはクラス・マネージメント，授業マネージメントということで，英語活動をつくる，授業をつくる役割が2つ目。そして3つ目が，子どもたちをよく理解しているので，子どもたちへの意欲づけ。

　先生方が主役ではなく，子どもたちが主役です。子どもたちにどう取り組ませるか，積極的にどう子どもたちを仕向けるかというのは，やはり子どもを理解している人にしかできないことだろうと思います。

　つまり，担任の先生は土俵をつくる。そこで子どもたちがコミュニケーションという相撲をとる。何も先生がそこで子どもたちと相撲をとるわけではないので，先生はそういう場面設定などをしっかりと構築する。あるいは別の言い方をすると，先生方は線路を敷いてあげて，子どもたちがその線路で電車を前へ進めていけるような環境づくりができるかどうか。そして，雰囲気づくり，シチュエーションづくり，場面づくり，そういうことも担任の先生の役割だと思います。

　時々先生方に，「英語活動ですから，やっぱり英語をしゃべらなければいけませんよね」と言われます。そして，「どのくらい英語力があったらよいのですか」とも質問されます。

しかし，どう考えても，小学生を相手にして高度な英語は必要ありません。子どもたちが理解できないような英語を使うということは効果がないわけです。子どもたちが理解できる英語というのは，重文や複文などは必要ないし，関係代名詞なんか使う必要もないわけです。単文をつなげるだけでいいわけです。

　そうなると，子どもたちが理解できる英語は，日本で英語教育を受けてきた先生方で十分だろうと思います。無理に背伸びして英語を使わなければいけないと自分で強迫観念を持つ必要はないのです。

司会　実際，菅先生が今おっしゃったことを参考に，兼重先生にも後でお聞きしたいのですが，兼重先生は，「お遍路型研修」といって，いろいろなところに無料で行っています。先生から見た担任中心の授業というのはどんな授業で，現状としてどういうふうにお考えになっておられますか。

兼重　この2年間で，先生方の取り組み方がとても大きく変わったと思います。担任の先生が，初めは「やらなければいけない」から，「やってみよう」につながり，「やってみて，気持ちよかった」という体験から，今，よい感じで広がっていると思います。

　これからの研修にもかかわってくるのかもしれませんが，一緒に授業をしましょうと言って，授業の中で具体的に体験していただくことをしているんです。担任の先生がいらっしゃらないと，私たちゲストが突然授業をしても，うまくいかないことがたくさんあります。

　そこで担任の先生にも一緒に入っていただき，同じ活動をしてもらうと，担任の先生は「やっぱり自分でやってみようかな」という気持ちになってくださり，どんどん積極的にご自身でやっていこうと気持ちが変わってきていると感じます。

菅 　私も昔，中学校，高校で飛び込み授業をさせてもらったことがあります。どういう子どもたちなのか分からないので，そこで50分英語の授業をしてくださいと言われると，半分不安な気がするんです。

　ただ，そのときには必ずこういう方法をとっていました。担任の先生に，「このクラスのキー・パーソンの子どもはだれですか」と聞いて，その子をまず動かすことで，クラスを1つにする。初めて出会った子どもたちでも，そういう手法がとれるんです。

　ただし，ネイティブ・スピーカーのようにぽっと来て，なかなか子どもたちを理解できないで，一方的に授業をしても，子どもたちとの距離感はそう簡単に埋まるものではないので，やはりそこは担任の先生がきっちりとサポートするということが必要なのだろうと思います。

6. 外国語活動で注意すべき点

司会 　やはり担任が中心に指導していくべきだろうということをみなさんおっしゃったのですが，では次に，何を教えるのかということになります。それは，先ほどもありましたように，やはり子どもたちに自分の思いや気持ちを伝えさせる。言葉のやり取りを通して，伝え合う力をつけていくということが必要だとおっしゃいました。

　逆に，小学校の外国語活動の中で，こういうことはふさわしくないというような指導内容などがありました。ここでもう1回確認させていただきたいと思いますが，菅先生，いかがでしょうか。

菅 　まず，「英会話」ではないということは常々言っていることです。表現というのは1対1対応ではありません。いろいろな状況によっては，回答が

いっぱいあるわけです。How are you? と言ったら I'm fine. という言葉しか知らない。それより，How are you? と言ったら「おなかが痛い」と，まだ日本語を言っているほうが，コミュニケーションとしてはおかしくはないわけです。

　それが，「英語を使わなければいけない」という負荷を子どもたちにかけることによって，すべては無駄になってしまいます。パターン化されたものでは，考えるということをしません。条件反射的に答えるということは間違っています。「小学校で英会話をしてください」などは，学習指導要領上でも正しくはありません。ましてパターン・プラクティスとかダイアログの暗唱なども中学校に入ってからで十分な内容だと思います。

　フォニックスに関しても，この辺は兼重先生にもよくお話しいただいていますが，フォニックスはイレギュラーが多いということと，もう1つは，指導には専門的な知識が必要であるということで，フォニックスを取り入れることは適切ではないということです。その辺，直山先生はいかがですか。

直山　私は，自分が中学校にいたときにフォニックスの指導をしていた1人で，フォニックスの指導は，私はとてもよいと思います。だけど，フォニックスを指導するのには，指導者側と受ける側，学習者の側，子どもの側にそれぞれ力が必要だということ。教師側，指導者側でフォニックスを指導する場合には，やっぱり英語の発音をきちんとできないといけないということ。それができていないと，フォニックスの指導は全くできません。

　子どもの場合，フォニックスを教えられても，言えない。まず，フォニックスを入れるためには，アルファベットというものをきちんと認識できていることが必要です。それから，音声でのコミュニケーションを十分に体験していないと，どんなにフォニックスのルールを教えられても，耳に残っていない限り，それは暗記でしかありません。

だから、フォニックスは、指導者側の指導力と子どもの側の積み上げてきたものとが一致して初めて効果を発揮する指導法です。小学校では、先生側と子どもの側にそこまでできる積み上げがないんじゃないかと思います。

司会 先ほど、フォニックスといえば兼重先生という話がありましたが、どうですか。

兼重 直山先生も今おっしゃいましたが、フォニックスがどういう背景で入ってきたのかということを考えることが、大切だと思います。フォニックスとはネイティブ・スピーカーの方々が小さい子どもの頃にしっかり音声を聞いて、識字率を上げていくという意味で、音と文字を結びつけていくためにルールを先に教えていく方法です。逆に、本などを使って、そこから文字と音を結びつけていくという教え方もあって、今は折衷的な方法が一番よいのではないかと言われています。いずれにしても、その音声がしっかり入っていることが前提にないといけないということです。

それから、指導者の力ということを先ほども言われましたが、先生方が本当に系統立てて先を保証できるのかどうかということも考えないといけ

ません。フォニックスを入れられるときに，簡単に入れればよい，ただ単に歌の1つとして扱っているんだというのもあるかもしれませんが，その後にそれをどうしようかという長いビジョンを持った上で，組織的にしなければなりません。ネイティブ・スピーカーの方はフォニックスがとても好きで，やらせてくれと言う方が多いのですが，その辺りは慎重に，長いプランがきちんと立ち，そこまで責任がとれるということを考えた上で利用するべきです。

菅 このように，指導者の点からも，学習指導要領上では音と綴りの関係は中学校で取り扱うことになっています。そこも理解してもらわないと，子どもたちの英語嫌いを生み出す土壌になるかもしれないということは十分に考えられるわけです。

7. 評価の在り方

司会 学習指導要領上，やってはいけない，慎重にというようなところで，今いくつかの要素が出てきました。今度は，当然のことながら指導ですから，次に出てくるのが評価ということになってきます。小学校の先生も，まだ手探りといいますか，どういうふうに，何をもって評価したらよいかというところが次の大きな課題になってくると思います。評価という観点に関して，菅先生はどのようにお考えでしょうか。

菅 やはり評価というのは目標があっての評価です。目標があって，指導があって，評価という，先ほどあったPDCAsですね。プラン，ドゥ，チェック，アクション。子どもたちに，「振り返る」ということをよく言います。

しかし，先生方の指導も必ず振り返らなければいけないということだろうと思います。

今回の学習指導要領の目標にある3つの柱は，やはり根底には評価も意識しながら作成されています。この3つの柱をベースに，各学校では年間ごとの目標をつくって，それを評価していく。その際，子どもたちの振り返りも含めて指導の評価も図っていく。その意味で，学習指導要領の目標にまず立たなければいけないということです。

もう1つは，評定を下すわけではないので，子どもたちの意欲を喚起するという意味でも，形成的に評価をプラス指向で考えていくというのも1つの方策だろうと思います。

司会 先ほど，形成的に元気の出る評価を通知表に記載されているという話を梅本先生がされましたが，梅本先生は現場の教員として，評価をどのようにお考えでしょうか。

梅本 学習指導要領の目標に沿った形になりますが，目標の柱が3つ示されましたから，私たち教師が子どもをみとる観点がはっきりしました。具体的に子どものどこを褒めればよいのか明確になったのです。例えば，「先生，日本語と違うんですね」と日本語で言った。それは目標に合っていますよね。「よく気づいたね」と，それを褒められる。それで英語の授業が好きになっていく子どもも出てくる。積極的に間違ったことを言って褒められた。それでまた英語学習が好きになっていく。言えるようになった，聞けるようになったということで英語が好きになっていく子もいます。

私の今までの経験では，評価というものは直接子どもたちの目に見えるように役立てないと意味がないですね。プラス指向の評価をすることで，いろいろな観点から英語の授業が好きな子，英語が好きな子を育てること

ができるようになります。

　ただ，私の学校は教科の「英語」でしたから，評定を下さなければならない。英語が言えていれば好きになる。言えていない子は嫌い。あるいは苦手意識がある。当然，結果としてそうなっていきます。今回の外国語活動は，そうではなくて，この目標の３つのうちのどれか１つの観点で，子どもたちを好きにさせることができるんだなということです。そういうものが示されたことで，英語活動の授業を好きになる子が多面的に出てくると思います。

菅　「できる」，「できない」，「正解」，「不正解」という線の引き方ではないわけです。つまり，オープンなわけです。だから，『英語ノート』で先生方が気づかないことにも子どもたちが感動したり気づいたりする場面は，これからたくさん出てくると思います。そういうものをダメとするのではなくて，プラス指向で評価していく。それが子どもたちの心を育てることになるのだろうと思います。

　直山先生が一度，ある小学校で隠し絵の授業をしたときに，我々が見えない部分の動物を子どもたちが探し出しました。そのときに直山先生は，「ああ，そういうふうにも見えるんだ。すごいね」という言葉で評価をしていました。褒めているんですね。そういうことなんです。ダメと言ってしまうと，子どもたちの想像，創作力，そういうものが全部潰れてしまうわけです。その辺は，先生方が柔軟に対応していく必要があると思います。

司会　指導主事として，直山先生は「評価をどうしたらよいのだろう」という質問を現場の先生からお受けになると思うんです。その場合，先生は評価について具体的にどうアドバイスされていますか。

直山 これまでの評価は,「あなたはこれができていないから,次は頑張って」というような評価で,「頑張りなさいよ」という意味合いのものが多く,夏休みに入る前に,「これができていないし,ここは夏休み中にやりなさい」,というようなものだったと思います。

　でも,英語活動は,よく考えると,子どもにとって初めての言葉で,聞き慣れない言葉,Hello. と言えるだけですごいことなんです。そういう思いで子どもたちのやっていること,していること,行動を切っていく,見ていくことが大事であり,その際にどのような切り口で子どもを褒めるかという観点がこれから必要になってきます。

　今の段階では,あの3点が示されているので,それに沿って,「子どもたちがどういうことをしていますか。その1人の子どもの中で,今までこうだったのが,3つの観点のうちのこの点に関して,どのようになりましたか」ということを文言で書いてくださいと先生方には説明しています。

司会 兼重先生はどうですか。

兼重 恐らくそのような流れでいくと思いますが,評価となると,私たちも含めてですが,ついつい測定とかテストというようなところと重ねて考えてしまう傾向があると思います。文部科学省で出された教員研修用のガイドブック(『小学校外国語活動研修ガイドブック』(旺文社刊))などでは「教育データ」という言葉で書かれていると思いますが,梅本先生が言われた言葉の中だと「フィードバック」とか「言葉がけ」というとらえ方になると思います。日本語で使われている評価というのが随分いろいろな意味にとらえられているので,その辺り,少し言葉の整理をしたほうがいいなという印象を持っています。

　それから,子どもたちが,思いもしないようなところに気づくというよ

うなことがありましたが，それを考えると，自己評価というのはとても大切なのだろうと思います。そこから教師も学ぶことが多い。ただ，そこでまたどのような言葉を返してあげるのかによって，子どもたちが自分を見ていく視点が左右されてくると思うんです。

　その自己評価をうまく使っていくことで，先生方の見ていく目も変わっていくでしょうし，子どもたちが自分自身の学びを振り返っていくきっかけになると思います。

菅　今の話を聞いていて思ったのですが，私は高校で教員をやっているときにはかなりユニークな授業ばかりしていました。英語の歌をカラオケに合わせて歌わせて，それを評価していました。普通は，英語を正しく発音して，きちんと歌っているかという評価になるのでしょうが，それはそうではなかったんです。楽しく，リズムに合わせて，聞いている人たちに歌って聞かせているかというような評価をまずしていました。

　あるいは，教室から国際電話をかけさせるときにも，相手に正しく自分の言いたいことが伝わっているかどうかというのもポイントですが，それ以前に，電話の受話器の前に抵抗せずに立って，声を発せられるか。そういうところも評価のポイントになるんですね。そういう力が培われると，相

手に対しても「言おう」と思うんです。やはり情意面で抵抗感を感じると，次の段階には進めません。

　もっとすごいのは，吉本興業の漫才師を呼んで，「英語で漫才」というのをやったことがあります。漫才は2人とか3人でやるんですが，恥ずかしがって英語を話さない子が出てきました。つまり，英文は暗記できていて，話そうとするんだけれども，「恥ずかしい」という気持ちが邪魔になってくるんです。しかし，恥ずかしいという気持ちがなくなれば，結構楽しんで漫才をしながら，「みんなに聞かせよう」となってくるわけです。特に中学校，高校になってくると「恥ずかしい」「格好悪い」とか，その心が言葉を発する際に邪魔になってくるんですね。

　だから，帰国子女が日本の中学校に帰ってくると，日本語の発音のように英語を発音するようになるわけです。「流暢に発音すると格好悪い」とか「恥ずかしい」とか思ってしまうのでしょう。そういう心のケアというものを，本当は中学校，高校でしなければいけないんですが，指導者の側がそれをまだ指導しきれていない。あるいは，まだ文法訳読主義というのがかなりのウエートを占めているからかもしれません。

　ですから，そういう面を小学校の段階から，英語を話すことは恥ずかしくない，人前で大きな声で言うことも恥ずかしくないということを経験させないと，中高でのコミュニケーション活動やプレゼンテーション，ディスカッション，はたまたディベートまではつながらないのです。

直山　そういう意味では，学級での経験はとても大事ですね。みんなに受け入れてもらえる，先生が受け入れてくれる。

司会　そういう経験をずっとしていると，中学校に入っても，「先生，何で英語をやらなければいけないの」というような質問は出ないでしょう。

菅 私がいつも言っているのは，生徒に，「何で英語をやらなければいけないの」と言われた段階で，先生は先生として失格ですよということです。つまり，授業がおもしろくないから，「何で英語を勉強するの」と言うわけでしょう。おもしろくて楽しくて，自分でも知的な喜びを得て楽しいなと思ったら，子どもから，「何で英語なんか勉強するの」なんていう言葉は絶対出ないはずですよ。そういう意味では，小学校よりも日本の英語教育の課題は中高にあるのだろうと思います。

8. 研修の在り方

司会 今，指導者，それから指導内容，それに伴う評価に関してお話しいただきましたが，それを広めて，深めていくというのが，実は研修ということになってきます。

　まずは，直山先生に研修についてお伺いします。これから完全実施に向けて行政が主導になると思いますが，効果のある研修について，先生はどのようにお考えでしょうか。

直山 研修そのものについては，そんなに時間数がとれるわけではありません。先生方が英語活動の研修に割く時間はそうないわけです。すると，研修の時間の中で全部教えようと思うのは，研修を企画した人のおごりだと思うんです。先生というのは基本的には自分で学ばれるものなんです。学習というのは本人がしなければいけない。そういう意味では，何かやってみようと思うようなきっかけを持って帰ってもらうことが研修だと，まず位置づける必要があります。そう考えれば，研修が楽しくなければいけないと思います。

第2章 小学校外国語活動ビフォー・アンド・アフター：アフター

菅 それはよく言われます。行政が主導の研修はおもしろくない。1つのルーティンとしてやっているのじゃないか。講師もいつもつまらないことばかり言う。そんなことを先生方から言われたら，先ほどの授業と同じように，行政，あるいは指導主事としては，失格かもしれません。楽しくて，身につく。その「楽しい」というのは，単に fun「おもしろい」というわけではなく，interesting「気づき，知的な楽しさ」でなければいけません。授業も研修も，そこは一緒なんです。

直山 その通りですね。fun というと，そのときだけ。interesting というと，余韻が残る。要するに，自分1人になっても，もう一度再現できるのが interesting なんです。だから，研修が楽しく，本当におもしろい研修だったと思う先生は，「よし，次の授業でもやってみよう」と思う。家に帰って，「ちょっと英語を練習してみよう」と思う。そういう研修を仕組むことです。

　その研修内容としては3種類必要で，1つは，理論的なことを理解してもらうこと。それから，英語活動の経験をご自身がされたことがないので，英語活動というものはどんなものなのかというイメージを持ってもらうということが大切。もう1つは，先生方の中には英語に対するハードルが高い人もいらっしゃる。そのハードルを低くする。そういう3つの研修が必要だと考えています。

　それを具現化すると，講義もあるだろうし，ワークショップ形式で，受講生の方に子ども役になってもらって英語活動を体験してもらうこともある。それから，実践している先生方に，例えば梅本先生みたいな方に来てもらって，「こんなことをやっていますよ」ということを話してもらうこともある。それから，先生方の英語のハードルを低くするために，中学校みたいに練習をしたり，実際に使ってもらう練習をする必要もあると思います。

菅 行政が主体の研修は，指導主事の力によると私は見ています。指導主事がおもしろくない講義をしていると，「たぶん，学校でもこの人の授業はおもしろくなかったんだろうな」と思ったりするんです。指導主事の中には，研修マネージメントがしっかりしていない人がいる。極端な例だと，全部どこかの講師に丸投げ，自分は何もしゃべらない。これは，はっきり言って，指導主事としては能力がないと言わざるをえない。

なぜなら，自分の県あるいは市町村の先生方に対して，教育をどうしようかというビジョンを示せないということでしょう。子どもたちをどうしようかということを本当に思っているのなら，自ら前に出て，先生方に訴えたり，情熱を語らないと，伝わらない。どこかの大学の先生を呼んで，話をしてもらって，先生方の半分が寝ていたとか，アンケートABCDのうちCとかDばかりだったとかね。しかし，それは，その大学の先生のせいではないですよね。研修を担当している指導主事のマネージメント能力がないということだと，私はいつも思っています。ねえ，蛭田先生。

司会 いい話ですね（笑）。そうですよね。外国語活動という本当に新しいものが入ってくるんだから，それを広げていくのは直接に指導主事の力，教育委員会の力ですから，指導主事の力を高めていくというのが，その都道府県の力を高めていく一番の大切なポイントだと，自省を込めて言いたいと思います。

直山 もう1つ,指導主事はフィルターにならないといけません。例えば,講師を呼ぶ場合,どの講師を呼ぶのかというフィルターにならないと。間違って呼ぶと,大変なことになります。

菅 情報の収集能力に欠けている指導主事がいます。何も知らない。小学校外国語活動なのに,児童英語の専門家を呼んできて,ピーチクパーチクやって,「楽しかったですね」。そんなのを学校でやったら,子どもたちは飽きてしまいます。だから,この人はどういう過去の経験があるのか,あるいはどういうことを専門にしているのか,まず勉強することですね。先生も勉強しろと直山さんがよく言いましたが,指導主事は2倍も3倍も勉強しなければいけません。

直山 それと,やっぱり「何年後にうちの自治体をどんな先生でいっぱいにしたいか」と思わないとダメでしょうね。

司会 長期ビジョンということですよね。

菅 だから,よく言うんです。先生方は,目の前に子どもがいる。指導主事は,目の前に先生がいますが,その後ろにすべての子どもたちがいるということを忘れてはいけないと。

兼重 うちの教育センターの今年のモットーは,「先生の笑顔の向こうに子どもたちの笑顔がある」です。まず先生を笑顔にしようと言っています。

菅 それなのに,指導主事が笑顔じゃない。

司会 確かに，先生を笑顔にしないと，子どもたちも幸せにならないでしょうね。今度は大学のほうに話を向けたいのですが，兼重先生の鳴門教育大学の小学校英語教育センターは「お遍路型研修」といって，講師謝金も交通費も一切要らないということなので，本当にありがたい。お呼びがかかればネイティブ・スピーカーの先生を交えての研修やいろいろな提案授業もされるということですが，先生は研修についてどうお考えですか。

兼重 幸いというか，大学のほうがとてもバックアップをしてくれていて，先ほどご説明していただいたように，私たちからお邪魔させていただいています。正確に言えば，「お遍路研修」といっても，誰が一番研修を受けているかというと，行かせていただいている私たちが様々な研修を受けているんだろうなと思います。ですから，「お遍路」という名前をつけたんです。

菅 兼重先生は小学校の先生方の反応や状況を見て力をつけていますよね。

兼重 研修で，一番心がけていることは，具体的なものを先生方に見せるということです。一般に研修となると，模範授業という言葉がよく使われているんですが，あれはとても嫌なんです。今，蛭田先生が提案授業という言葉を使ってくださいましたが，やっぱり提案授業の中で先生方が様々な考え方を出し合うのが，先生方にとっても一番の勉強になると思います。つまり，授業の中で，子どもたちがどう反応しているかというのを見ていただくのが，先生方には一番分かりやすいですし，具体像が見えてくると思います。

　そこで例えば，僕1人が授業をして，パフォーマンスをして帰るというのでは，これから先につながらないだろうなという気がします。常に，「僕のような外部の人間が入っていって授業をすると，こんなにうまくできな

いんですよ。担任の先生が入ってきたら,これだけクラスが変わるんですよ」というのをまず示します。次に,校内で同じ活動をする予定の担任の先生に「○○先生,じゃあ次は同じことをやってくださいね」と伝えることで,授業の中で連携しながら,一緒に研修をしていくことになるのです。校内でする研修としては,たぶんこれが一番効果的だと思います。

　国の研修として中核教員研修が行われていますが,それを受けて,校内でどう研修を組むか。これが一番の課題になっている点だと思います。そこで,私は各学校の特色を聞き,先生方の希望に応える内容と方法を組むようにしています。幸い,ネイティブ・スピーカー,英語話者も一緒に参加しますので,英語の研修も加えることができます。とにかく学校の考えや研修がばらばらになっているところを,その学校の要望に合わせて対応するようにしています。

司会　梅本先生は現場の教諭で,講師としていろいろなところを回っておられますが,現場の教員として,こんな研修は受けたい,こんな研修なら絶対に受けたくないというようなお話をいただければと思います。

梅本 結局，我々小学校教員が持っているビジョンは，何年たったら校内で学び合えるだろうかということです。今，誰に聞いたらよいか。算数は誰，体育については誰，どこの小学校でもそのような得意分野を持った先生がいます。ところが，英語については誰もいない。だから，校内のメンバーだけで何年かかったら研修ができるかというのを考えていく。何年たったら本当に自分たちでできるかということですね。

　内容は，今は学習指導要領が出たので，それに近づけるために，具体的に授業レベルではどのようなものかということを考える。例えば，目標の柱がある。では，授業レベルではどういうことなのかということについて具体的な例を示せるようになりたいと思っています。

　研修は，とにかく先生方の思考パターン，行動パターンを変えればよいわけです。その研修を受けたことによって，「本屋さんに行って小学校英語の本を買おうか」と思わせるだけでいいんです。この先生方の行動パターンというのは，一言で変わると思うんです。

　ですから，どんな研修を組むかは，先生の行動パターンを見ればいいんです。そのパターンを変えるような研修にするのです。具体的には，いつも話を聞いてばかりいる先生に，人前で言わせてみるとか。そのように先生方のスタイルを変えていくんです。

菅 それは何でも同じで，課題をまず見つけることからですね。理想を掲げてもダメで，やっぱり今，何が問題になっていて，目の前の課題は何かということが共通理解としてあれば，みんな手をつなぎます。しかし，学校がばらばらだったら，これはうまく行きません。全国の小学校を見ていても，あるいは中学校でも高校でもそうだと思いますが，うまく学校が運営できているなというのは，管理職の先生の力ももちろんそうだけれども，先生方の仲がよいということですよね。

梅本 優先順位をどうつけるかですね。課題はいっぱいある。

菅 いがみ合っているところは、やはりすべてがちぐはぐです。昔、蛭田先生も私もそうでしたが、非常に荒れた高校の教員からスタートしたんです。それは大変な学校でした。ネクタイをしないで学校に行きました。なぜかというと、ネクタイは首を締められて危険だからです。そういうところで、どうこの子どもたちに向き合うか、どうしたらこの子どもたちを少しでも救えるか、様々な考え方があっても、課題というのは明確なわけです。そうすると、みんな1つになれる。だんだん学校が落ち着いて平和になってくると、先生方はてんでんばらばらになってくる。共通理解を図るところがなくなってくるからです。

　逆に、高校には進学校というところがあって、この子どもたちにどれだけ大学に合格をさせようかという、今度は共通の目的、目標ができる。こうなると、それぞれ教科は違うけれども、考え方が1つになって、「進学させましょう」になってくるわけです。

　小学校でも、外国語活動では特に、今おっしゃったように、子どもたちの問題は何かというところから、では、その課題に適した人は誰なのか。大学の先生でもいい、あるいは教育委員会の指導主事でもいい。その専門の人、経験のある人を呼んでくればいいので、明確なんです。課題が分からないから、違う人を呼んできたりして、「何なの、この研修」みたいになってしまう。

9. 低・中学年の取り扱い

司会 今，研修の話で盛り上がりましたが，次に，1つの課題として，梅本先生の学校のように，過去に国や各市町村の研究指定を受けた学校があります。英語活動の指定校ということで，1年生から6年生までがんがんやってきた学校もあります。今回，学習指導要領によって，若干方向性が変わってくるであろうと考えられる点に，1年生から4年生の取り扱いがあると思います。菅先生，そこのところはどう考えたらよいでしょうか。

菅 ここは大きな課題の1つだろうと思います。今まで1～6年生まで取り入れていたのに，急に学習指導要領で，5, 6年生が必修化され，では1～4年生をどうすればよいのか。「今まで，1～4年生までずっと蓄積してきた教材という宝物を捨て去れというのか」と先生方はおっしゃいますが，学習指導要領上は，確かに低学年では外国語に触れる教科，領域はありません。ですから，1年生でどうしても取り入れたいということであれば，学校の裁量の時間として，学校独自で生み出した時間を活用するしかないわけです。

　そのときに，先生方には結構抵抗感があるんですね。授業時間を増やすことに関しては，先生方はかなり抵抗を示す。「本当に必要なものであれば，子どもたちあるいは保護者に対しても説明はつくはずでしょう」と言うんです。

　既存の時間数の中で収めたいという気持ちも分かりますが，私は，1, 2年生に関しては，通常より授業を1時間増やして子どもたちに学習させるよりは，例えば15分を週2回，モジュールのように外国語に触れるという活動をすると，子どもたちにはそれほど負担感を感じさせないと思うのです。くり返しますが，とりあえず1, 2年生では取り入れる時間というのは

ないのです。

　では，3，4年生はどうなのか。やはり3，4年生も，その裁量の時間，学校で生み出した時間を活用するというのが基本的なところです。しかし，「総合的な学習の時間」というものを経てきているので，先生方も従来どおり「総合的な学習の時間」の中で英語活動をしたいということがあるかもしれません。実は，現行の学習指導要領上でも「総合的な学習の時間」では英語活動はできないというか，そういう考え方がないのです。何ができるかというと，できるのは国際理解という領域なんです。

　では，今まで「総合的な学習の時間」でやってきたのは何だったのかという話になってきますが，現行の学習指導要領では，「国際理解の一環としての外国語会話等」という文言，しかし全国的にその国際理解という文言が無視され，単なるスキル学習に走っている学校も数多くありました。その反省に立って，今回の「総合的な学習の時間」の中に，「探究」というような，本来の「総合的な学習の時間」のねらいが明記されることになったわけです。

　きつい話になりますが，現場の先生方が「総合的な学習の時間」の趣旨を理解せずに，ネイティブ・スピーカーとか民間に任せたことによって，「国際理解の一環」が「英会話」になってしまったわけです。小学校英語の反対派という人たちがよく言われる「ピーチクパーチク」の授業になって，「総合的な学習の時間」の趣旨に合わないものになってしまったのです。

　今回の外国語活動は，「総合的な学習の時間」から独立させて時間を設けたということで，「総合的な学習の時間」とは別の領域になったわけです。全国には，「総合的な学習の時間」を一生懸命実践してこられている先生方もいるわけです。そこで今後も英語というのではどうもなじまないことは，多くの先生方にも当然理解していただけるわけで，その辺の線引きをやはりきっちりと学校あるいは地域でやっていく必要があるだろうと思います。

また,「総合的な学習の時間で全く英語はできないのですか」と早合点される先生方もいますが,国際理解という観点はあるわけですから,例えば国際理解の一環として様々な方々と交流する中で,英語あるいは他の言語をツール（コミュニケーションの手段）として活用するということはありだろうと思います。しかし,英語を学ばせる,この表現を定着させるといった従来の英会話や英語活動はなじまないというのは当然のことなので,やはり3,4年生でやるには,学校独自でそれだけの時間が必要だということを保護者の方々とも意見交換をしながら時間を生み出していくということが一番よい方法だろうと思います

司会　例えば,研究開発学校だった天野小学校あるいは高向小学校などでも,結局は5,6年での実施になるのですか。

梅本　そうです。

司会　そのときに,学校としてはもうそれでいこうと言っても,その部分で保護者からの反応などはどうでしたか。長期間1年生から実施してきたのに。

梅本　学習指導要領が変わったということで,今はやめるのには絶好のタイミングなんですが,この学習指導要領で,他の教科の授業数も増えたりとか,いろいろな流れの中で英語が入ってきていますので,基本的には小学校英語は5,6年生からスタートしようと決まったんです。

菅　加えて言えば,本当に必要なものであれば,やはり裁量の時間を使って行っていくべきです。カリキュラムの二重帳簿的なことは許されることではないんです。

もう1つ言いたいのは，1～4年生よりも，5，6年生できっちりやってくださいということです。1～4年生も必要だというのであれば，まず5，6年生がきっちりできて，それからだろうと私は思います。5，6年生もしっかり実施できていないのに，「低学年からのほうがいいんだ」などと言うと，大変なことになります。

　なぜならば，これは様々なところからのデータがあるのですが，小学校1年生から英語を始めた子どもたちは，5年生，6年生になると，意欲，関心がぐっと落ちるんです。そうすると，5，6年生の指導はかなり難しい。つまり，ゲームでは満足できないんです。これは，天野小学校も同じですよね。

梅本　5年生が一番難しいですね。

菅　難しいですよ。意欲，関心がぐっと落ちてくるので。

梅本　1年生からやっていたら，5年生が一番難しいです。

菅　ですよね。これが，例えば5年生からスタートするのなら，それほど難しくない。

梅本 それは難しくないですね。

菅 だから，やっぱり何度も立ち返らなければならないけれども，何が本当に子どもたちにとって必要なのか。そうしたら，保護者は当然納得してくれるでしょう。だから，話をしなければいけないんです。

司会 今までいろいろな課題について話してきましたが，他にいかがですか。

菅 1点お願いします。外国語活動で考えてもらわなければいけないことですが，考える子どもを育ててほしいということです。やはり日本の教育は，英語教育に限らず，先生方から一方的に知識を教える。子どもたちは，自分で考えるということをしなくなってきていると思うんです。先生が「こうしろ」と言ったことはする。保護者が「こうしなさい」ということはできる。しかし，何をしていいか分からない。つまり，自分で考えなければいけない状況に直面したときに，なかなかそれが判断できない。そして，自分で考えることができない。つまり，自分で考えようとしない子どもたちが育ってきている。

　これは他の教科でも同じことでしょうが，特に外国語活動では，言葉，コミュニケーションというのが大きな課題なので，自分で考えて，自分の言葉で，自分の気持ちを相手に伝えることができる子どもたちを育てていただきたいと思います。条件反射のように，How are you? と言ったら I'm fine. とだけ言う子どもを育てるのではないのです。学習指導要領にも，根底にはそういうものがあるんです。

10. 文字の取り扱い

司会 菅先生は，今のお話の中で，自分で考える子どもを育てていく，パターン・プラクティスのように，Aと言えばBと言わなければいけないというのを教え込むのではないとおっしゃいました。私はちょっと視点を変えたいと思います。話が戻るかもしれませんが，ではその自分の気持ちを相手に伝える手段として，小学校においては音声を通して自分の思いをやり取りする。でも，そこにはやはり文字というものもあるわけです。この文字の扱いについて，小学校での文字の使用，扱いというものはどうお考えでしょうか。

菅 国としては，「文字を取り扱ってはいけない」などという禁止事項のように言ったことはないと思います。「子どもたちの負担にならない」，「負担感を感じさせないように」ということは文言としてあるので，取り扱うことは悪くはないとは思いますが，やはり子どもたちの状況に合わせて先生方が取り組むべきことだろうと思います。

『英語ノート』に関しては，6年生で取り扱う『英語ノート2』のところで，アルファベットのAからZまで，文字に触れるという活動はありますが，それを正しく書くことは求めていません。今までの学習指導要領では，ローマ字は小学校4年生での取り扱いでしたが，今度の学習指導要領では小学校3年生の扱いになるんです。全国的に見ても，6年間で2時間とか3時間くらいしかローマ字の学習に時間を割いていないので，自分の名前さえローマ字で正しく書くことができない子どもたちがたくさんいるんです。そういう状況にあるので，文字を正しく書く，あるいは子どもたちに文字を意識して活動させるようにすると，子どもたちはもう能力的に目一杯になってしまうと思います。

国立教育政策研究所の研究の中に，小学校における英語教育のあり方の調査研究というのがあるのですが，アルファベットはそう簡単に定着するものではないという報告書が出ています。つまり，小文字のｂとｄを間違えたり，あるいはｐとｑを間違えたり，鏡文字になってしまうんですね。普段から生活の一部としてアルファベットを目にすることは少ないわけですから，あまりに急いで文字の定着を図ると，「僕はアルファベットが分からない」などと思い，英語嫌いの１つの要因になることも考えられます。兼重先生，どうですか。

兼重　振られてしまいました（笑）。
　　子どもたちは文字について大切さを感じているというデータも出ていますが，実際にテストをやってみると，正しく書くしんどさというのも小学生は感じているようです。やはり扱いに関してはとても慎重にするべきだというのが，現段階でまず言えることだと思います。
　　今後，中学校に上がった段階でどのように変えていくのか。４技能（聞くこと，話すこと，読むこと，書くこと）の総合的活用というか，４技能のバランスをうまくとっていくことになってきますので，文字言語ということも加わってきます。そのときに，文字でコミュニケーションすることの楽しさを感じられる体験をさせてあげれば，子どもたちのしんどさもカバーできると思いますので，あくまでも慎重に取り扱っていただきたいと思います。

司会　それでは，直山先生にお聞きしたいんですが，文字について何か。

直山　今回，学習指導要領で小学校の５～６年生に外国語活動が入ったわけですが，その時数が70時間ですよね。70時間の中で，文字の認識程度まで行

いますが，それは子どもたちが文字を絵のようにとらえているから可能なのであって，それを正しく読む段階までは，70時間ではとても無理じゃないかと思います。

司会　梅本先生のところでは，文字はどういうふうに扱っておられましたか。もう10年以上ずっとかかわってこられた中で，文字についても指導がなされていたのかどうかというところですが。

梅本　4年生から読む活動を取り入れていました。それまで，子どもたちは1年生，2年生，3年生と約100時間ほど音声になれ親しんだあとでやっていますので，単純に何年生で入れるというのではなくて，それまでにどのような学習経験があるかということを見ていかなければいけないと思います。そういう意味で，この新しい学習指導要領による英語活動を考えると，『英語ノート』で示されたものだけでも十分ではないかと思います。

司会　菅先生，『英語ノート』の中では，文字はどの辺りまで扱っておられるのでしょうか。

菅　アルファベットの大文字，小文字に触れるということで，これはローマ字との関係もあって，「Aの形はこうだよ。Bの形はこうだね」とイメージ化できればよいという程度です。それを正しく書くというのは中学校からの課題としています。

11. 小中連携

司会 もう1点，小学校の外国語活動の形ができればできるほど，次に問題になってくるのが中学校との接続だと思います。その小中の連携という点で，菅先生のほうから何かありましたらお願いします。

菅 小学校に外国語活動が導入されて，小学校の先生方が大きく変わらなければいけないと考えている先生方がおられるかもしれませんが，そんなことはなくて，小学校の先生方は今まで通りでよいと思います。今まで通り，子どもたちと接触してきた点を意識するだけで構わないと思います。

問題は，中学校の英語の先生方です。小学校から育ててきたものをどう引き継いで，どう継続的に子どもたちのコミュニケーション能力を向上させるかという大きな課題が，実は中学校の先生方に示されたわけです。中学校の新しい学習指導要領では，今までは週3時間の英語の時間が，今度は週4時間になるのです。時間数が増えますが，内容は今までの中学校で取り扱ってきたものとそれほど変わっていません。

では，なぜ1時間増えたのかというと，小学校からのコミュニケーション能力の素地をどうコミュニケーション能力の基礎につなげるかという大きな課題を中学校の先生方は解決していかなければいけないからです。いろいろなやり方があるかもしれませんが，今までの指導方法では子どもたちはついてこないと思います。なぜなら，もうすでに70時間も英語に触れてきているからです。その辺を考慮しながら，対処しなければいけないと思います。そのためにはまず，中学校側が小学校で何が行われているかを理解することです。小学校と中学校は文化が違う，異文化だとよく言われますが，そこでお互いに理解し合うということが最も大切なことだと思います。

直山 小中連携は，京都市でも大きな課題なのですが，私が思うに，小中の連携にはステップがあると思います。まず最初は情報交換。夏休みや合同研修などを通して，「こんなことを小学校でやっているよ」，「こんなことを中学校でやっていて，こんなに子どもが変わったよ」というような情報交換をする。

その次には，その情報交換をもとに，小学校の先生方は中学校に授業を見に行く。中学校の先生が小学校へ見に行く。あるいは中学校の先生が小学校で少し教えてみる。このように，小学校の先生と中学校の子ども，小学校の子どもと中学校の先生という交流，小学校の子どもと中学校の子ども同士の交流，それから中学校の先生と小学校の先生の交流と，この4種類の交流が必要だと思います。しかし，ここまでは，まだ連携でも何でもない。この交流ができて初めて連携というものが生まれる。カリキュラムが連携しない限り，連携ということにはならないのです。

そのカリキュラムの連携というのは何かというと，3つあって，目標が一貫しているということと，指導内容が系統立っているということ，そして指導法に継続性があるという3つのことがカリキュラムの中にきちんと入っていないと，カリキュラムの連携というのはないだろうと思います。

現状では，先生方は夏休みに集まって情報交換をして，それで何か課外授業を見ると，もうそれで連携したと思っているレベルです。それでは本当の連携にはならない。『英語ノート』ができたし，今後は中学校のカリキュラムをもう少し考えていかなければいけない時期にきています。それから，指導法のことを考えていかなければいけないと思います。

菅 中学校の先生方が小学校の英語活動を理解するということは，中学校1年生の授業で何かの表現を使おうとしたときに，「それは小学校5年生でこんなことをやったよね」ということを中学校の先生が言えるかどうかです。たぶん，子どもたちは忘れていると思います。しかし，「こういう買い物のシーンでこんなことを言ったのを覚えている」と言うことで，子どもたちは5年生の記憶をよみがえらせるかもしれません。そこを先生方が意識して子どもたちにアプローチすれば，子どもたちの意欲も喚起することができると思います。

直山 結局，子どもを理解しているかどうかだということですね。

菅 よく理解していれば，「この音，聞いたことがあるでしょう？」とか，文字でも，「appleって聞いたことがあるかもしれないけれど，こういうふうに書くんだよ」ということができるわけです。今までだったら，中学校からのスタートだったので，初めて習うことばかりでしたが，これからはすでに素地ができているということで，中学校の先生にとっては指導する上でのプラス材料になってくると思います。

　もう1つは，環境をある程度そろえなければいけないということです。天野小学校では，子どもたちが自由に走り回れるスペースで授業をやっていますよね。それを否定するものではないのですが，こたつを置いているんですよね，4人くらいが座れる。

梅本 生活科のテーブルです。大きいですよ。

菅 こたつでしょう，あれ。

梅本 テーブルです。こたつじゃないです。

菅 では、テーブルです。私が学校に行ったときに、子どもたちがテーブルに腰かけていたんです。私は思わず怒りました。

梅本 ありがとうございます（笑）。

菅 まさにそこなんです。小学校ではそういう自由な空間で子どもたちが走りながら、あるいは体を動かしながら活動をして、楽しかったと思っている。しかし、1か月、2か月後には、中学校というところで英語というものを勉強しなければならない。1か月くらいで、急に今度は机と椅子にがんじがらめ。「はい、ノートにこれを書きなさい」。小学校のときのあの英語活動は何だったんだろうと、子どもたちは思いますよね。その瞬間に、イメージだけで、子どもは英語を嫌いになるかもしれない。

　だから、私がお勧めしているのは、せめて6年生は教室内で英語活動をしていただくと、中学校とつながりますよということです。何も机と椅子で物を書けというのではなくて、教室で机と椅子を使いながら、あるいはそれを教室の隅に追いやって、空いた空間で活動する。そのような形から入ることも大切だと思っています。形の連携というのも実は必要なことなんですよね。

梅本 高向小学校では机と椅子を使ってやっています（笑）。『英語ノート』を使う場合は、やっぱり机と椅子があるほうがいいですね。姿勢なども気になりますので。

　小中連携の話ですが、私もあまりうまくいきませんでしたので偉そうなことは言えませんが、小学校でどんな活動をしているのかを中学校の先生

方が知ることは非常に大事なんですね。でも，その裏で，小学校の先生がどんな思いでそういう活動を入れたのか，どんな思いで子どもたちを育てているかということを，小学校の先生がもっと中学校の先生に伝えられたらいいなあと思います。

　小中連携というのは「コミュニケーションへの積極的な態度を9年間でみんなで育てよう」と指導者全員が思うことが非常に大事だと思うんです。今，小中の学習指導要領によって，小学校の外国語活動と中学校の外国語（英語）のそれぞれの目標で共通の柱の1つに，コミュニケーションへの積極性というのがあります。カリキュラム上にそれを意図して組み入れたとしても，各指導者の気持ちが1本になっていないと，何も変わらないのかなという感じもします。

　要は，小学校の評価と同じような観点で，子どもたちを褒めていただけたら，非常にありがたいですね。

菅　授業上手は，絶対に褒め上手ですよね。蛭田先生は，どれだけ人を褒めてやる気にさせていることか（笑）。

司会　僕にくると思いましたよ。

梅本　小学校で英語に触れると，ある種の期待感を持って中学校へ進むんです。「おぼろげながら，聞いて分かるようになったな」とか，「ちょっと言えたけれども，ずばり言えなかったな」という思いで中学校へ行きますね。

菅　でも，そこで期待感を潰す，あるいは失望させる先生もいるわけでしょう。

梅本 そうそう。期待感はあるんですよ。それで中学校へ進むでしょう。負担感ばかり増えるんです。そして，達成感があいまいなんです。負担感を下げるのが先生の一言ですよ。「それでいいんだよ」とか，何せ一言なんです。あるいは，まず目標を低くすれば，子どもも「それくらいだったら頑張ろう」と思うわけです。

直山 中学校の先生方は「言えなければいけない」とか「できなければいけない」と常に思ってしまう。

菅 達成が，can do だけになってしまっている。

梅本 子どもの負担は増えて当たり前で，またそれに負けずにやっていかなければいけない。だから，その負担感を，本当にもう一言でいいから，子どもを救う何か一言を話してもらえればと思います。

菅 ほっとさせるような。

梅本 同じような観点でぱっと褒めてくれるだけでもいいんです。中学校1年生の最初ですよね。中2，中3になったらそんなことはないでしょうが。

菅 先ほどから出てきているように，形成的な評価も中学校では必要だと，中学校の先生方もみんなおっしゃっているけれども，そこだと思いますね。

司会 兼重先生はどうですか。

兼重 中学校の先生方が小学校に行って一番学んだことは何かというと，その

形成的な評価とフィードバック，どういう言葉がけをしてあげるのがよいのかというのを学んだと言われたので，まさにそこなのかなと思います。

菅 だから，中学校の先生方も小学校に学べと。何も英語の先生だから小学校に学ぶまででもないということではないですよね。私はよく言うんですが，英語はローマ字で書くとeigoですが，i（愛）を取るとただのego（エゴ）になるんですよね。子どもたちに対する愛がないと，自分の英語を聞かせたいとか，あるいはみんなに自分が英語ができることを示したいとなると，やっぱり子どもたちが見えてこない。英語じゃなくて，ただのエゴになってしまう。

直山 仕事上，小学校の研修に行き，中学校の研修にも行きますよね。そうすると，明らかに先生方が違うなと感じるんです。中学校の先生方に比べて，小学校の先生はすごく謙虚なんです。「私は英語が苦手だからやろう」とか，「英語ってやったことないし，どうやるんだろう」という思いで英語活動の研修に来られている。小学校の先生方は8教科もあるでしょう。国語も算数も，みんなそうなんです。「私，これだけたくさんの教科があって，国語はちょっと得意だけど，算数は苦手だし」とそれぞれの思いを持ちながら研修にやって来ているんです。

　でも，中学校の先生方は，「私が英語の教師なのよ」というプロ意識。それはとても大事なプロ意識なんだけれども，それも時と場合によっては，前面に出てしまう。「何言ってるの。私は英語の教師なのよ」という顔で座ってしまうと，人の話が入らない。もうそこで耳でシャットアウトしてしまって，入らない。新任教師にすらそれを感じたことがあって，それが逆の面に出てしまうと，先生方は向上しないんだろうなとすごく感じてしまうんです。

菅 　平成16年度から5年間行われた,「英語が使える日本人」の育成のための行動計画で, 中・高等学校の英語教員の悉皆研修がありました。参加された先生の中には, 確かにプロ意識あるいはプライドの高い先生方も多かったですね。やはりそこで, 先生方は完全ではないということを気づかせる研修プログラムを組む必要もあるだろうと思いました。

　悪い言葉で言えば,「英語オタク」と言われる人たちがたくさんいるんですね。その方々は, 英語は優れているけれども, 指導力の面はどうかというと, クエスチョンマークの人もいます。

　そして, 英語は少し苦手な先生方もいます。でも, 子どもたちの気持ちをよく理解して, 非常にすばらしい指導者になっている人が中学校にも高校にもいるわけです。もちろん英語ができて指導力があればパーフェクトですが, 人間はみんなパーフェクトではないわけで, ではその弱い部分を自分自身でどうやってケアするかということになるんです。

　だから, 先ほど直山先生がおっしゃったように, その1つのポイントが「謙虚」という言葉なんでしょうね。この気持ちがあると, 周りから様々な点を吸収することができると思うんです。私は謙虚に蛭田先生のお話をよく聞いていますしね。

司会　（笑）。

直山　謙虚と全く違うところにいらっしゃるのかなと思うのですが（笑）。

菅　ということで，このお話は終わりましょう。

12. 外国語活動で気になる点

蛭田　これからバズセッション，私も司会役ばかりですと，フラストレーションがたまりますから一緒に入らせていただきます。
　これから，小学校外国語活動に関して，先生方の思い，かける夢を語っていただこうと思います。どなたからでも結構です。

菅　小学校の先生方は，英語力に自信がないと言います。例えば，クラスルーム・イングリッシュが授業には絶対必要だという人もたくさんおられますが，クラスルーム・イングリッシュで子どもたちのリスニング能力が向上するわけではないのです。クラスルーム・イングリッシュを先生方が使うと，子どもたちは初めはきちんと耳をそばだてて聞いているけれども，そのあとはもう条件反射なんです。一度分かれば，耳をそばだてて聞くことはありません。つまり，クラスルーム・イングリッシュというのは，要するに雰囲気づくり，環境づくりですよね。子どもたちが「英語活動に今取り組んでいるんだ」と感じさせられます。

直山　分かってしまえば，パターンになってしまいますからね。
　そして，英語がちょっと堪能になると，算数の時間に「triangle がね」

とか，How many? と聞いたりとか，朝の挨拶で子どもに Good morning! とか言い出します。

菅　それは気持ち悪いですよね。私と蛭田先生が，ある大阪の小学校に行ったときに，子どもたちがぱっと寄って来て，我々に Good morning! と言うわけです。

蛭田　ネイティブ・ジャパニーズの私たちにね（笑）。

菅　そうそう。「あれ？僕たち，英語を母語にするアメリカ人とかイギリス人に見えたのかな」なんて思ったりね。

蛭田　でも，その学校では，それで積極的なコミュニケーションが身についていると思っている。

直山　きちんと日本語で「おはようございます」と言えるのにね。

菅　日本の人に対しては，きちんと「おはようございます」と言える子どもたちを育てることがコミュニケーション能力の向上であって，言語力の育成につながるわけで，ただ英語を使えたらよいというのは，まさに間違った考え方ですよね。

　あるいは，朝の健康チェック，これはどうしようもないですよね。子どもたちに語彙力はありませんから。「今日，耳が少し痛いんです」とかね。いつも fine，no では健康チェックになりません。

直山　それは，朝の健康観察の目的をきちんと教師が理解していないから，そういうことを始めるんです。教師が，何のためにこういう活動をするのか，学校のことをきちんと理解しないで，単に自分の趣味でやっている。

菅　健康チェックというのは，子どもたちが今日どういう体調なのかを判断するためなのに，How are you? と言ったら，頭が痛いんだけれども，やっぱり I'm fine. なんですよ。それしか言えないんだから。

直山　それに，朝の健康観察は学校生活が始まる一番大事な時間ですよね。今日1日，この子どもにどんな声かけをしてと考えながら，「また梅本君，お家で叱られてきたんだね」。だから，この子を今日は褒めようとか，見極める大事な時間なのに，先生にはそれが見えていない。

菅　つまり，適切に日本語を使う場面，適切に英語に触れる場面，こういうところをやはり先生方が正しく判断しなければいけない。その正しい使い方，これが大きな課題だと思いますよ。

梅本　そんなのは子どもは実は分かっていて，何でもかんでも英語を言う先生はだんだん子どもが離れていきます。やはり，その場面に応じた言語を使わなければいけないので，何でもかんでも英語にすりかえるというのは，見ていて，非常にこっけいで子どもたちをバカにしているようにも見えます。

直山　英語に迎合するようにしか見えない。

菅　本当に恥ずかしい。以前，梅本先生が，「僕の学校には，国語，算数，理科，社会，クラスがぐちゃぐちゃなのに，英語だけ一生懸命やっている人がいて，子どもたちの気持ちはどんどん遠ざかっています」と言っていましたよね。

梅本　忘れました（笑）。

直山　でも，英語活動の上手な人は，どの教科の授業も上手ですね。

蛭田　英語があまりできない先生でも，クラス・マネジメントがきちんとできている先生であれば，感動できる授業をするんです。

菅　だから，梅本先生は授業がうまい。

梅本　笑いでごまかしますから。

蛭田　梅本先生の言葉でよかったのは，「何のために言葉を使うの」というと，「言葉は人のために使うんやで」という言葉です。

菅　　すばらしい。

蛭田　私はまさしくそうだと思います。

梅本　中学校の授業を見ていると，「誰か他の人のためにしゃべってよ」と言いたくなります。自分のためにばかりしゃべっている。

菅　　昨日，訪れた学校で「英語活動は道徳教育の一環です」と言っていましたが，まさにそうだと思います。英語活動は道徳教育の部分をかなり占めています。つまり，人の話を聞こうと思ったら，相手を尊重しなければならない。自分の話を相手に聞いてもらおうと思ったら，やはり自分も相手に認められていないといけないわけです。1人でコミュニケーションをするわけではないのです。相手がいて初めてコミュニケーションが成り立つわけです。「蛭田先生の話は聞きたくないな。あいつ嫌いだな」と思ったら，聞かないですよ。

蛭田　何で私の名前をそこで出すんですか。

菅　　あとは積極性でしょうね。今ここで5人で話をしていますが，積極性がないと入り込めない。さっきからずっと，兼重先生はなかなか入り込めないでいます。

直山　謙虚だから。

菅　　謙虚。これは日本ならいいんですよ。美徳なんですから。私は，それはすごくいいことだと思います。私が子どもの頃は「おまえは男なんだから，

ぺらぺらしゃべるんじゃない」とよく親に怒られて，それからずっと寡黙な子でした（笑）。

　日本では美徳であっても，例えばアメリカへ行ったら，「黙って何もしゃべらない日本人」と言われてしまう。変に思われることさえあるかもしれない。日本人がこうしたいと思っていることが相手になかなか伝わらない。しゃべらないと伝わらないんです。だから，わざわざ話すという活動をさせる状況をつくってあげなければいけない子どももいるわけです。

直山　では，兼重先生。

兼重　ここでは何を話すんでしたっけ？　思いのたけですよね。

直山　そうなんですか。

兼重　僕は，ここは実は少し用意をしていて，小学校の英語活動を鳴門の渦に見立てたとしたら，今はぐっと引き込む求心の段階なんだろうなと。これをどう広げていくかというのが，これからの大きな課題なんだろうなと。先ほどの道徳とか，いろいろな話がありましたが，小学校現場や行政の先生方は英語活動に対してある程度のイメージを持っていらっしゃると思います。しかし，大学の人たちにはあまりそこまで伝わってきていないんです。逆に言えば，我々が出ていかなければいけないなと思うんですが，どうやって情報を集めていくのか。私自身はこういう環境にいられたので，いろいろな話を聞くことができるんですが，大学関係者は「学術的に」，どういうふうに小学校の英

語活動をとらえるかというと，専門の領域とかがあったりして，なかなかうまくとらえられない。ですから，今度はやっぱりうまく渦を外に巻いていくというか，遠心力というのがないと，せっかく英語教育が変わっていこうとしている段階なのに，それがうまく広がっていかないだろうなと思います。

菅 だから，指導者としての大学の先生方も変わっていかなければいけないということを話したかったんですね。

兼重 そうです。

直山 大学の先生は，小学校や中学校に情報を求めに来られる。学校に入らせてくれと。とてもよいことなんですが，パターンはいつも，学校に入ってきて，情報だけ持って，あとのフィードバックがない。

菅 確かに自分の研究のためだけに小中高の学校へ入ってくるんでしょう。

直山 「私たちは一体何だったの？」と感じたことが割とありましたが，これからは違うんでしょうね。これからは，お互いの特色を出し合いながら，子どもたちのために協力するということをやらないといけないんでしょうね。

菅 つまり，「協働」。これがキー・ワードじゃないでしょうか。子どもたちのために手を取り合うということですね。ただ，何も大学の先生方が偉いわけではなく，教育委員会が偉いわけでもない。みんなベクトルは一緒なんですよ。

直山 子ども目線でやれるかどうかですね。

菅 子どもたちが今大変な状況にあるということが共通理解としてあるわけでしょう。我々は，役割は別だけれども，その役割の部分で何ができるのかということをまず考えていかなければいけない気がします。

梅本 まとめに入ったところで全然関係ない話をしますが（笑），私には英語嫌いという言葉に関して，こんな経験があります。

小学校の職員室にライアンさんというネイティブ・スピーカーがいました。そして，ある学年の先生がいた。私と打ち合わせをしていたんです。どんな話をしていたかというと，「私，英語苦手やねん」という話で，「そんなことあれへん。言えてるで」と私が言ったあとで，その先生が「私，英語嫌いやねん」と言った。そのときにライアンの顔が曇ったわけです。日本語が全部わかるライアンにとっては，「私が今しゃべっている言語が嫌いと彼女は言った」と感じたんです。「英語」というのを，「英語科」とは言っていませんし，「英語の勉強は」とも言っていないのです。

直山 「英語」そのもの。

梅本 そう。我々は「国語」と同じような感覚で「英語」を使いますが，我々は「国語」を「日本語」とは言いませんから。

蛭田 つまり，ライアンとしては，言葉を否定されることイコール自分も否定されるということですね。

梅本 「英語の授業が嫌い」だったら，まだいいのでしょうが，「英語が嫌い」

という言葉です。私がそこから学んだことは，外国の言語や文化とか全部含めて，きちんと尊敬する態度を身につけさせることが大切だということです。その点で，外国語活動はうってつけのものだと思います。

菅　『英語ノート』では，英語だけではなく，世界にはいろいろな言語があって，それに触れることによって様々なことを知る。そして，相手の言葉を含めて，文化をも尊敬する態度を育てることをねらっています。日本語も英語と同じような立場にあるわけです。逆に言ったら，外国の人に「私，日本語嫌い」と言われたときは，日本語あるいは日本文化あるいは日本人をも否定されたと感じることになる。そういうことですね。

梅本　だから，我々は「英語嫌い」などという表現をやっぱり減らしていったほうがいいのかなとか，あるいはもう少し詳しく説明しながら，その表現を使ったほうがいいのかなと思います。

菅　つまり，「英語の勉強が苦手」とか「発音がちょっと苦手」ということでしょう。

梅本　「学習が苦手だった」とかですね。

蛭田　『英語ノート』の1つのコンセプトとして国際理解があります。人が違えば，当然のことながら言葉が違う。言葉というのは，先ほどから出ていますが，その国に住んでいる人の思いを具現化したものだから，「その言葉が嫌いだ」ということは，「その人たちのことが嫌いだ」ということとリンクしてしまう。好き，嫌いという範疇のものではなく，お互いの言葉を尊敬する態度を育てようという姿勢を出していくことが必要だと思います。

菅　またその逆を考えてみれば，英語だけ，英語オンリーになると，アメリカ万歳，イギリス万歳，英語帝国主義というようなことになるわけです。実際は便宜上，英語を使っているわけです。だから，例えば日本の子どもたちが中国語を理解し，中国の子どもたちが日本語を理解すれば，それが一番よいのでしょうが，なかなかそういう状況にはない。どちらの国でも英語を学習しているということであれば，お互いにコミュニケーションをとろうとするには英語を利用しようということになる。でも，相手は中国語が母語なんですよ。日本語も母語です。それぞれの言語を尊重しながらも，英語でコミュニケーションを図ることになる。そうすることから，相手の母語もやっぱり学んでいかなければいけないという気持ちが育つ。よく言われる，「英語プラスアルファの言葉が話せたらいいよね」という気持ちにもつながってくるのだろうと思います。相手の母語を勉強すると文化も見えてきますからね。

兼重　『英語ノート』に，挨拶と数を数えるとか，いろいろな国の言語が入っているのがとてもよくて，そこで言葉のつながりというか，お互いの言語が影響し合っていることが分かります。中国語，日本語，韓国語が出てきた

りと興味深いですよね。他の国々の人とのコミュニケーションは最終的には，英語を介して行うのかもしれませんが，最初の挨拶で「こんにちは」と言ってもらえ，中国の方には「ニイハオ」と一言言う。そして，そのあとに英語で話ができると随分と心の壁が下がってきて，とてもスムーズにコミュニケーションが図れるようになると思います。

菅 ほっとしますよね。

直山 自分の国の言葉を知ってもらえていてうれしい気持ちになる。挨拶だけだけど。

菅 外国の人が挨拶で「コンニチハ」とか「アリガトウ」と言ったりすると，何か我々はほっとしますよね。

梅本 親日派という感じがしますね。

菅 言葉の壁というのはそういうものだと思いますね。

直山 だから，言葉は人を幸せにするものなんですよね，本来は。

菅 本来はね。しかし，使い方によっては，いじめの武器にもなる。凶器にさえなる。

直山 だから，まさに外国語活動で，言葉の楽しさ，言葉で人とやり取りする楽しさを教えていくことが大切なんですね。

梅本 たまに菅先生から怖いメールが入ってくるんですが（笑）。

直山 それは言葉の使い方を間違っていますよね。

菅 そんなことはありません。梅本先生の原稿が遅いからですよ。ところで『英語ノート』にいろいろな言語を散りばめたというのは，one, two, three, four, five だけよりも，例えばスペイン語の uno, dos, tres, quatro を聞いてみる。そのときに，子どもたちが「あ，何か英語と違う。もうちょっと聞いてみたいな」と思ったら，それはもう大成功です。英語がすべてになってしまい，他の言語，他の文化への入り口が閉ざされるということは，子どもたちにとってはマイナスなのです。

梅本 あの数字の読み方で一番よかったのは，日本語ですよ。

直山 「いち」，「に」，「さん」ね。

菅 正しい日本語ね。

梅本 そう。「ご」，「ろく」，その次です。いつも授業では「ろく」で止めるんです。それで，ネイティブに「次は何？」と聞くんです。大概は「なな」と言います。「え？ 違うで」って。

直山 しち。

梅本 6年生の授業でやったときに，子どもが言ったんです。「先生，『なな』違う？」「え，『しち』ちゃう？」「どっちかな」，そして「そういえば11って

どないなっとんねん」とかいう話になるわけです。

菅 広がりがあるんですね。それは入り口であって,『英語ノート』は表面だけを学ぶのではなく,どんどん先生方が工夫して広げていけばすごくいいものになるわけです。

蛭田 外国語活動は,外国語というフィルターで母語である日本語への気づきを促すという効果もねらっているわけですよね。やっぱり日本語だけで言葉の力を向上させることはなかなか難しいですよね。

直山 よく話すのですが,ペンが「長いか短いか」と言ったときに,何かと比べて長いか短いかと言いますよね。そのペンがどんなものかが分かるために,同じカテゴリーのものと比べるというのはとても有効な手段です。だから,母語の力をつけるために外国語の力を借りるのはとても大事だと思います。国語教育もしっかりやらなければいけない。そして,そのためにより効果的なものとして外国語教育を入れる。中高にはその視点が若干ないかなと思うんです。

菅 それもありますが,実はCDを作成していた段階で,もちろんプロのネイティブ・スピーカーを使って録音取りしているのですが,その中に子どもたちの声が出てきます,「ズトラースト・ヴィッチェ」とか。あれに都内在住のロシアや中国の子どもたちにスタジオに来てもらって取ったんです。ただ,その中で,『英語ノート1』,『英語ノート2』のCDの中に,実は1か所,私の声が入っているところがあります。さてどこでしょう？ みなさん探してみてください。予算の関係上,プロの人を使えなかったんです。

直山 応募すると,何かもらえるかもしれない。

菅 何がもらえますかね。

蛭田 菅先生からメールがもらえる(笑)。

直山 怖いメールが(笑)。

13. 外国語活動に対する想い

菅 最後に,それぞれの先生方から,小学校の外国語活動に対する想い,気持ち,あるいはこれからの外国語活動について一言ずつお話しいただいて,おしまいにしましょう。では,若い順で,直山先生からいきますか。

直山 若い順ですね。確認しておきます。

さっき菅先生が,子どもたちに自分で考えさせて,自分の言葉で自分のことを表現する子を育てていかなければいけないと言われたけれども,まさにそれが生きていく力だと思います。これだけ情報が多い世の中で,どの情報が自分にとって有益なのかということをきちんと子どもが考えて,自分のものにして,そして自分を表現できる力が,これからの子どもには必要だなと思います。そういう子どもたちを育てるための1つに外国語活動があると思います。

やっぱり今必要なことは,先生方が不安にならないように,横のネットワーク,先生同士のネットワークをつくっていくことがとても大事だなと思って,これからもいろいろな活動をしていきたいと思っています。

菅　ありがとうございました。では，兼重先生，ご本人は積極的にコミュニケーションを図ろうとする態度という点で欠けているかもしれませんが，こういうメンバーだと，やっぱり気おくれしているんですか。

兼重　いえ，謙虚な日本人らしさということで。

蛭田　イケメンはそんなに前に出てこなくていいんです。

菅　我々は口で勝つしかない（笑）。

兼重　中にも出てきましたが，自分や友だちを理解して大切にしてあげる。そこで考えていくというのが大切だなと思います。

　それから，これは自分自身がそうだったんですが，小学校の外国語活動にかかわるようになって，日本語とか日本文化とか，それからいろいろな外国の言葉について考えるようになりました。やっぱり日本語は難しいなとかおもしろいなと思うようになったことが，一番自分の中で大きかったと思います。

　英語教育自体もこれから変わっていくでしょうし，そういう意味では，

夢のある世界だなと思います。

菅 　さあ，梅本先生，いかがですか。

梅本 　これから，カリキュラム作成とか課題はたくさんありますが，それらの課題について学校で優先順位をつけて，1つずつ，一歩一歩，解決しながら，子どもたちにすばらしい体験をさせてほしいと思います。
　中学校でも，これからどんどん小学校を意識した授業が展開されると思います。だから，中学校でも継続しながら，楽しい授業の工夫をしてほしいと思います。「ほらみろ，おもろいやろ，これは」という感覚。この感覚で教科書もつくってほしいですね。

菅 　中学校の教科書ということですか。

梅本 　はい。その楽しく分かる教科書で，子どもたちを待ち伏せしてやってほしいですね。直山先生が先ほど言われた掲示物なんていうのは，完全に待ち伏せなんです。どこを通るか考えて掲示していくんですよね。広告も待ち伏せしているんです。だから，中学校の教科書も待ち伏せしてほしい。そんな教科書が欲しいですね。

菅 　では，蛭田先生。

蛭田 　私は日本の小学校の先生方はすごいなと思います。我々が，例えば「理科を教えろ」，「数学を教えろ」と言われたら，本当にもう明日から太刀打ちできないと思います。でも，たくさんの先生方がそれをやっておられる。
　私は，大阪府下の多くの小学校に継続的に行かせていただいていて，み

なさん，最初お会いしたときは，「私は英語ができなくて」，「自信がなくて」とおっしゃりながらも，いろいろなアイデアを出して授業をされています。次に行ったときに同じ先生がまた授業をされている。すると，子どもたちに変容が出ている。そして「先生，それでいけますよ」なんて言うと，本当に自信を持たれる。

　私は，先ほども言いましたが，この外国語活動が入ったことで，先生方が授業のあり方をもう1回見直すきっかけになって，それが結局自分の授業づくりの大きな改善のきっかけになっていくのではないかと思っています。日本の小学校の先生だったら，学習指導要領が求めているような外国語活動なら恐らくできるのではないかと思っています。そして，行政として，それを支援していく必要があります。明日に答えが出るとか，2年後に出るということは絶対にありませんが，長いスパンで見たときに，この外国語活動を導入したことが，子どものコミュニケーション能力の向上にはよかったなと言える日がきっと来るのではないかと思っています。

菅　先に，外国語活動が導入されるまでに22年かかったと言いましたが，その間に，いろいろな方々が努力し，協力し，いろいろな意見を述べてきました。そして，ようやく1歩，あるいは0.5歩かもしれませんが，踏み出した。

　イメージしてほしいのは，大きな風船があるとすると，針をほんの1刺ししただけで，その瞬間に風船は破裂するわけです。たぶんこの外国語活動の導入というのは，日本の子どもたちを大きく変える発火点，1刺しになるのだろうなと思っています。

　ただし，ほんの1歩，0.5歩かもしれないけれども，それを育てていくのは，行政だけではなくて，先生方であって，研究者であって，保護者であって，プラス子どもたち自身だろうと思うので，みんなで愛を持って育てていか

なければいけないと思っています。

　いつも言う言葉に,「小学校はコミュニケーションの土壌を耕すところです。そして種をまくところなんです」というものがあります。「小学校の段階から種に肥料をやったり水をたくさんやったりすると,根腐れを起こして,その種から幹など育ちません」と常々言っているように,やはり小学校には小学校の役割があると思うんです。

　つまり,コミュニケーション能力の素地をつくる。土壌を耕して種をまく。そして,中学校,高校で,それに適切な肥料と水をあげて,花をつけ,実をならせるということをしていかなければ,小中高そして大学,社会人と,コミュニケーション能力が育っていかない。

　もちろんその中には,中学校からは英語運用能力というスキルの面も入ってきます。それらを継続的に,どこで途切れることもなく,小学校で備わった素地を,中高大,社会人となるまで育てていくことが,すべての日本の人の課題解決になるのだろうと思います。

　ということで,みなさんでつくっていきましょうという想いで終わろうと思います。

蛭田　みなさん,どうもご苦労さまでした。お疲れさまでした（拍手）。

本座談会は 2009 年 2 月 1 日に開催されました。

第3章

わいガヤエッセー

小学校に英語がやってきた。ついでに○○○までもやってきた
菅一座，今日も視界は良好！
玉手箱，開けてみれば元気のもと
ゆかいな仲間たち
日々修行〜私のこれまで，これから，そしてメンバーの方々

小学校に英語がやってきた。ついでに○○○までもやってきた。

菅　正隆

　岩手の春は遅い。12月までに降った雪が根雪となり，2月過ぎまで，あたり一面に銀世界が広がる。
　ある2月の昼下がりのこと。学校帰りであろうか，2つの小さな影が，太陽の光できらきら輝く雪の上を並んで移動している。静寂の銀世界の中に「キュッキュッ」と雪踏む音がこだまし，時折，林の中から，「コンコン，コンコン」と啄木鳥が樫の木をつつく音が聞こえる。
　政孝は，母が夜なべをして作った手袋を手にはめ，一緒に歩いている伊三夫に気付かれないように，そっと雪をすくい，片手で小さな雪玉をつくった。
「今日も寒な。いづになったら春来るべ。」
　と言いながら，政孝は伊三夫の背中に回った。
「んだが。おら，寒むの好ぎだがら，このくれ，気にならね。」
　伊三夫は，政孝の動きなど気に留めず歩いている。次の瞬間，政孝は雪玉を伊三夫の背中に入れた。
「しゃっけ。なにするってや。おめなんか，んだがら大きれいだ。どごさがいげ！」
　伊三夫は半泣きで，背中に手を入れ，必死に雪玉を取り出そうとしている。
「べろべろべ！おめが寒むの好ぎだって言ったがらだべ。」
　政孝は伊三夫の方を振り向かずに，必死に逃げた。政孝の影は虫の大群があたかも一つの塊になって移動するかのように見えた。
　政孝は，生まれつきのいたずらっ子である。父と母は，このことについて小さいころから気にかけていた。
「かあさん，ただいま。」

「走ってきたのが。」
「んだ。」
「なんでや。まだ，誰が泣がせだべ。」
「んだね。ちゃんとまずめに帰ってきたじゃ。」
　いつも，こんな調子である。
「まんぼ，知ってるが。学校で英語やるんだどよ。」（政孝は「まんぼ」と呼ばれていた）
「ん？俺知らね。なんでだ。俺，外人見だごどねし。」
「んだな。おめだったら，外人見たら，逃げるべな。」
「俺だげじゃねべ。伊三夫も逃げるべ。だども，なんで英語なんかするんだべ。」
「なんか，コミュニケーションだどよ。」
「コミヌ…。なんか米練ってケーキでも作るみでだな。」
「さあ，知らね。明日，学校で聞げ。」
「んだな。」と言いながら，政孝は仏間に向かった。こう見えても政孝は朝，昼，晩，仏様を拝むことを忘れなかった。遠くで，母が，「こら，まんぼ！この手袋ベチャベチャだべ。何してきたってや。」と叫ぶ声が聞こえた。
　政孝は，聞こえぬ振りをして，ロウソクに火をつけ，仏様に手を合わせた。南無阿弥陀仏。
　次の朝，政孝は，ツルツルに凍った道を，学校に向かって，猛スピードで走っていた。昨日より，温度が上昇しているのであろう，道の表面がほんの少し融けだし，まるでスケートリンクのようである。時折，政孝は長靴で，スケートのごとく滑ってみる。心の中では，「ジャネット・リン」のように華麗に舞いたいと思ってはいるが，一度，轍に足を取られて転倒して以来，スピードスケートの選手に転向した思いでいた。すべてを遊びに転換できるのも政孝の特技である。
　学校に着くや，「よ！まんぼ。おべでげよ。」と伊三夫が近づいてきた。

「ん，何だってや。」
　政孝は伊三夫の目を見て，ニヤリと笑った。
「伊三夫。俺の背中見てみろじゃ。」
　伊三夫が政孝の背中に回ってみて，ギョッとした。首と衣服とが粘着テープで止められ，一寸の隙間もない。後ろに立っている伊三夫に向かって，政孝は言った。
「これだったら，おめ，仕返しでぎねべ。雪入れれねべ。」
「おめ，馬鹿じゃねが。首痛ぐならねが。」
「ならね。」
「帰りまで，もだねど思うで。」
「大丈夫だ。」と政孝は，また，伊三夫に勝った思いだった。
　やがて，朝の始業のベルが鳴った。ベルに合わせて，大きな体を揺さぶりながら学級担任の梅元が教室に入ってきた。
「起立。先生おはようございます。みなさん，おはようございます。」
　と，優等生の優子が号令をかける。梅元は，大きなお腹をこれ見よがしに突き出しながら，「はい，おはようさん。」と答える。
「今日は，1時間目に英語やるべど思ってる。いいが。」
　クラスが沸きだした。すると，政孝は急に大きな声で，
「英語って，米練ったケーキのこどだべ。」
　伊三夫は，怪訝そうな顔をして，
「何だ，そのケーキ。くえんのが。」
「おら，知らね。おらのかあさん，言ってた。」
「ケーキくえんなら，いいな。やるべやるべ。」
　この言葉が契機となって，教室中から，
「やりで，やりで。」

の声がした。それを聞いた，梅元は，
「みんな5年生になったら，英語やるごどになるがら，今がら，英語やるべ。先生も，実は英語の免許もってるんだ。おもしれし，やってみるべ。」
「は～い。」
　岩手の子は，みな素直である。先生の言葉に，子どもたちは，一斉に目がダイアモンドダストのように輝きだした。
「んで，まず，『どごさが行ぎで』と言ってみでどぎ，『アイ・ワン・ツー・ゴー・ツー・アメリカ』って言うんだ。みんで言ってみんべ。『アイ・ワン・ツー・ゴー・ツー・アメリカ』，はい。」
　子どもたちは，何がなんだか分からず，とにかく，梅元に続いた。
「アイ・ワン・ツー・ゴー・ツー・アメリカ。」
「もう一度，『アイ・ワン・ツー・ゴー・ツー・アメリカ』，はい。」
「アイ・ワン・ツー・ゴー・ツー・アメリカ。」
　伊三夫は政孝に尋ねた。
「おい，アメリカに行ぐどぎ，何でワン・ツーて言うんだ。」
「おめ，そんなごども知らねが。アメリカって遠いべ。んだがら，『いち，に』って号令かけねば行げねんだべ。『アメリカに行くべ，いち，に～のさん』って意味だべ。」
「なるほどな。」
　梅元が，1人1人に発音をさせている。
「おい，政孝。おめ，やってみろ。」
　政孝は，自信たっぷりに立ち上がり，
「はい，『アイ・ワン・ツー・ゴー・ツー・アメリカ』。」
「政孝，おめうめな。いいぞ。んでも，そんなに体まっすぐにして言うごどねべ。ジェスチャーも入れでみろ。首と手を動がしてみろ。」

「はい。」と，言いながら，手を広げて，
「アイ・ワン・ツー・ゴー・ツー・アメリカ。」
「おめ，なんで，首動がさねんだ。首を自然に動かしてみろ。」
「はい,,,。痛で，痛で，痛で～！！」
「何したってや。」
　と梅元は，政孝の後ろに回って見る。首には粘着テープが幾重にも張られ，首を上下に振ったせいで，テープの周りの肌が赤く腫れている。
「何してるってや。」
　間髪を入れずに，伊三夫が，
「政孝は，東海林太郎を目指してるんだど。」
「なんて？東海林太郎？正司歌江の方がいがべ。」
　さすがに，この言葉には誰も反応しない。かしまし娘など子どもたちは誰も知らない。
　放課後，職員室にいた梅元に，東京弁の金重教頭が近づいてきた。
「梅元先生，いかがでしたか。今日の英語は。」
「バッチリでしたね。みんな楽しそうに話してましたよ。」
　梅元は，教頭に対しては，東京弁を使うことにしていた。少しでも出世が早いと思っていたからである。
「子どもたちは，先生の影響なのでしょう，休み時間も，みんな『ワン・ツー・ゴー』と言っていましたよ。どうゆう意味ですか。」
「え？は，はい。数字を教えていたんです。」
「そうでしたか。それなら結構です。始めは，want to かなと思っていたのですが。」
「いえいえ，それなら，ウォンと，ツーですよね。」
「ツーではなく，トゥーですね。」

「教頭先生，同じく聞こえませんか。」
「そうですか。僕も耳が遠くなったのかな。」
「きっとそうですよ。」
　梅元は，いつでもどこでも，物事を煙にまくのが得意だった。
「そうそう，梅元先生。4月から，英語の得意な先生が赴任してきますよ。確か，京都出身の先生だったはずですが。」
「そうですか。僕も英語の免許はあるのですが。まあ，その方に任せましょう。」

　やがて，岩手にも遅い春がやってきた。梅，桃，桜，水仙，チューリップなど，春の花々が一斉に咲きだす。見事なほどの美しさである。
「Hello. Nice to meet you. これから尚山先生と一緒に英語を勉強しましょう。」
「は〜い。」
　教室の後方に，金重教頭と梅元が立って見ている。
「みんな，梅元先生に英語を習ったんでしょ。どうだった。」
　伊三夫が手を挙げて，
「おもしろがっだ。うめぐなったし。」
「そう，政孝君は。」
「おらも，大すぎだな。数字はちゃんと言えるし。」
「そう，じゃあ，みんなで英語で数字を言ってみてね。」
「は〜い。ワン・ツー,,。」
「ウッヒョ〜，みんなすごい。さすが，梅元先生に習ったおかげね。」
「んだ，んだ。」
　子どもたちは，どこか誇らしげである。後方で見ている金重教頭が，梅元に向かって，

「さすが，先生のおかげですね。みんな数字を得意そうに話していますよ。」
「いやいや，たいしたことはありませんよ。」
　尚山は，続けて，子どもたちに，
「他にどんなことを習ったの。」
　優等生の優子がすぐに応えて，
「はい，『アメリカに行きたい』と言えます。」
「そう，じゃあ，みんなで言ってみて。」
「は～い。アイ・ワンツー・ゴーツー・アメリガ。」
　尚山の耳には，岩手の訛りのホノボノとした英語が心地よかった。この地で担任をしながら子どもたちに英語を教えることのできる喜びをかみしめていた。
「子どもたちは心が育っている。その上に，コミュニケーション能力を身に付けさせたら，いつの日か，この地から日本の英語教育をリードする人物が出てくるかもしれない」。
　そんなことを思い浮かべながら，教室の窓から見える桜に目をやった。温かい春の陽ざしの中に，尚山自身の目頭に熱いものを感じながら，桜が眩しく光っているのが見えた。

　これは，フィクションであり，個人・団体等は架空のものです。ただし，イメージとして，以下の人物を想像していただくと，さらに内容を深く読み取ることができます。
　◆政孝…菅正隆　◆伊三夫…蛭田勲　◆梅元…梅本龍多　◆金重…兼重昇
　◆尚山／優子…直山木綿子

　いかがでしたでしょうか。岩手の方言が理解できたでしょうか。読者の方々に

とっての方言は，実は子どもたちにとっての英語に匹敵するものです。所々の単語や表現が理解できても，全体の意味や感情はなかなか理解できないものです。それを，教師が一方的に定着させよう，暗記させようとしても，難しいものです。まず，環境を整え，子どもたちにやる気を起こさせるために，さまざまな仕掛けをしていくことが大切です。言葉は心を育てないと育ちません。そこで，小学校では，心を育てることから始めます。「英会話」，パターン・プラクティス，ダイアログの暗唱，フォニックス，「児童英語」では小学生を潰すことにもなりかねません。これらは最も注意したい点です。

　いずれにしろ，日本の小学校で，初めて外国語活動が発進したのです。ほんの0.1歩に過ぎないことかもしれません。しかし，これを育てるのが，我々日本人のこれからの役目です。「小さく産んで大きく育てる」。そんな外国語活動にしていきたいものです。

菅一座，今日も視界は良好！

蛭田　勲

　人は我々を，「菅一座」と呼ぶ。座長である菅正隆先生を筆頭に，当代きっての看板女優の直山木綿子先生，唯一の爽やか系（？）の兼重昇先生，言葉の錬金術師の梅本龍多先生，そして司会兼お抱え運転手である蛭田勲の5人の一座である。とはいえ，この本を手にされた方々の中には，これらの個性豊かな座員について，まだご存じない方も多くいらっしゃるはず。そこでこの場をお借りして，一座の司会者である私がそれぞれの座員についての披露口上を述べさせていただく。

　それでは，読者のみなさま。とざい，とうざい！

座長菅正隆先生

　菅先生と私の付き合いは長い。15年以上にもなるであろう。菅先生の名前をはじめて知ることになったのは，付き合いが始まるずっと前のこと。まだ2人とも学校では若手の教員と呼ばれていた頃である。

第3章　わいガヤエッセー

　当時の私は何とか生徒に英語を学ぶ喜びを味わわせたいと，例えば校長先生に頼んでテレビ電話を買ってもらい，授業で海外の学校に電話をかけたり，時にはイングリッシュキャンプなる英語合宿を行ったりして，普段の授業なら時差で電話がかけられないような遠い国の学校の生徒たちと泊まり込んでの交流等をしていた。日本からは地球の裏側にあるような国に住む見知らぬ生徒と自分の英語でコミュニケーションができた子どもたちの喜びは，私の想像を超えるものであり，満足感に浸る彼らの表情を見ると教師冥利を感じずにはいられなかった。心の中に「自分は英語教育の先端を行っている。誰にも負けへん」という自分自身への自惚れが芽生え始めたある日のこと，妻が「お父さん，大阪の高校でお父さんと同じようなことしている先生，新聞に出てるよ。」と夕刊を私に手渡した。その記事によると，ある英語の教師がLL教室に公衆電話を引き込み，国際電話で生徒に海外のホテルに連絡を取らせる。英語を苦手にしている生徒たちが生き生きと活動しているという。その教師の名前は菅正隆。カンマサタカ。その名前を忘れまいと頭の中で何度もリフレインをする。これが私からの一方的な菅先生との出会いの瞬間であった。

　それからしばらくの月日が経ったある日，妻が「あの先生，また新聞に出てるよ。読む？」と言うのを，不機嫌に「読まん！」と断るが，やはりどうしても気になりそっと記事を見てみる。そこには「英語で漫才コンクール」の文字。英語漫才コンクールを学校でする？自分には持ち合わせないこの閃きと発想力，加えてその実行力に同じ英語教師として焦りと羨望が心に渦巻く。一度この人に会って話をしてみたい。新聞の写真にある，口ひげをたくわえたその風貌からすると，ひょっとするとクセのある怖い人かもしれない。でも会ってみたい。

　「人間，念ずれば道は開く。」それから間もなく仕事を共にする機会に恵まれた。話をしているうちに，私は教育にかける菅先生の思いにしだいに圧倒されはじめた。

菅先生が勤務していた高校では毎年教員と生徒の有志が「チャリティー・マラソン」に取り組んでいる。ネパールに学校を作る寄付金を集めるため，1本の「たすき」をつなぎ，地域の人々の支援を受けながら，和歌山県潮岬から京都府経ヶ岬までの500ｋｍを走る。これまでにネパールの子どもたちに奨学金や4校の小学校を贈っているという壮大な取り組みである。この「チャリティー・マラソン」の創始者の1人が菅先生である。このアイデアが生まれた時にはひょっとすると周りの誰もが荒唐無稽と思ったかもしれない。しかし，裏では実現に向けて菅先生一流の緻密な計算が網の目のように働いていたのであろう。万事がこのとおりである。菅先生は単なる夢想家ではない。戦略家と言ってもいいだろう。天の啓示の如くにユニークなアイデアが生まれる。その瞬間にアイデアを実現するための綿密な道程が頭に閃く。そして「やるぞ！」の一言で周りの人間が動く。なぜ動くのか。菅先生が怖いから。ではなく，みんなが菅先生のアイデアの底流にある子どもたちへの愛情，教育への愛を感じるからだ。

　小学校への外国語活動の導入の際，菅先生には右から左から想像を超える圧力がかかったと言う。それを一身に受け止め，様々な方向を向くベクトルを一本にまとめ，最後は見事にソフトランディングを果たされた。その胆力と行動力，そして緻密な計算力には頭が下がる。

　今回の「小学校英語『わいわいガヤガヤ玉手箱』」のアイデアもある地方を「巡業中」に，車の助手席に座っている菅先生に突然天から降りた啓示によるものである。しかし，これは単なるお遊びではない。見逃してはいけないのは，菅先生の心にあるのが小学校の先生方の笑顔であり，その向こうにある子どもたちの笑顔であることだ。

看板女優直山木綿子先生

　小学校外国語活動に関わっておられる方で，菅先生同様，直山木綿子という名前を聞いたことのない先生はあまり多くないであろう。元々は中学校の英語教師であったが，今は私と同じく教育行政に携わっている。私の知る限り，47都道府県の教育委員会で彼女ほど全国を駆け巡り忙しい毎日を送る指導主事はいない。まさにスーパーウーマンである。

　直山先生との出会いは今から5年前の夏，まだ，菅先生が大阪府教育センターで私の上司として勤務していた頃のこと。小学校英語の研修で菅先生が直山先生を講師として招かれたときのことである。当時の私は小学校英語とは無縁の仕事をしており，失礼ながら直山先生の名前は知らなかった。その私が菅先生から，研修をしている直山先生のパソコンの調整をしてくれと呼び出された。研修室でパソコンを触りながらも，私の耳は自然と直山先生のおしゃべりに向いていた。「色」を使った活動だった。"Touch something blue!"という指示に受講されている先生方の動きが鈍かったのか，直山先生は一声高く「あんたら，もっとちゃっちゃと動きや！（標準語訳：みなさん，もっとすばやく動いてください。）」その声に私は目が点になってしまった。でも怒られている先生方は大爆笑で大喜び。

　以来，菅先生が文部科学省に転勤された後も，お願いして超多忙の合間を縫って毎年，夏季休業中の研修には来てもらっている。直山先生の研修だけは欠かせないという直山ファンの先生方が大阪には大勢いる。直山先生の話は小学校の現場での豊富な経験に裏打ちされた大変説得力のあるもので，聞くものの心を捉えて離さない。毎年小学校英語の研修室は直山教信者の集いの場と化している。

　それは小学校の児童とて同じ。「巡業先」の学校で行う公開授業。授業が始まるまで子どもたちは固唾を呑みながら，直山先生を異星人であるかのような眼差しで緊張して見つめていた。始業のベルが鳴れば直山木綿子の魂のゴングも鳴る。

さあ，ここから直山ワールドの始まり。"Hello! My name is Naoyama Yuko -sense! I'm from Kyoto." 細身の体には似合わないハイパーテンションの声に子どもたちの目は白黒，口はあんぐり。しかし，お約束の自分の腰（お尻？）を手のひらでビシビシ叩きながらリズムを取るチャンツの頃になれば，子どものみならず，授業を見学しているすべての先生方もすっかり直山ワールドに引き込まれ，みんなの口から英語がほとばしる。それを後ろで見ている菅先生と私は目を見交わし苦笑しながら，「俺たちにはできない芸当や。」
　菅先生は自称「闘う調査官」である（最近は，世間がどう思おうとも「英語教育界の福山雅治」で走っておられるが）。私から言えば，直山先生こそ「闘う指導主事」である。相手が誰であれ，曲がったことや理に合わないことを直山先生は許さない。闘う調査官と闘う指導主事が角を突き合わせる時，それは他の座員が恐怖で凍てつく瞬間である。どうしていいか分からずおろおろする座員，無関心を装う座員，突如携帯電話をいじり始める座員。嵐が過ぎ去るのを皆，肩をすぼめて待つのみである。今後の一座の平和のためにもこのような瞬間が訪れないことを切に祈るところである。

爽やかなイケメン兼重昇先生
　我々の間では兼重先生はイケメンと呼ばれている。ある県の小学校に授業見学に行った際，教室に入るなり児童に「あっ，イケメンが来た！」と言われたという逸話を持つ。革ジャンを着込み，サングラスをかけ，スポーティーな車を格好良く運転する姿は，とても「象牙の塔」に住むと言われる大学教員には見えない。見えないのも道理で，兼重先生は「象牙の塔」には滅多におらず，大学に連絡をしても消息不明になっていることも度々ある。
　無私の心。私がいつも兼重先生から感じる言葉である。例えば，研修にしてもしかり。鳴門教育大学小学校英語教育センターでは，兼重先生とネイティブ・

スピーカーの先生が中心となり，交通費・謝金一切無用の「お遍路型研修」を実施している。校内研修，提案授業，研究授業の指導助言等，依頼があれば学校であれ，地域であれ，また少人数の学習グループであれ，校務に支障のない限りいつでも駆けつけてくれる。学校や行政にとってこんなありがたい話はない。

兼重先生は子どもが大好きである。我々が全国の学校を訪問して授業を見学する機会は多い。そんな時，兼重先生はいつも優しい眼差しで子どもたちを見つめている。

授業の見学が終わればすぐに校長室に戻るのが普通であるが，兼重先生はなかなか校長室に帰ってこない。教室に残って子どもたちと話をしているのだ。単に子どもが好きなだけで話をしているのではない。子どもに英語活動の授業についての本音を探り出す，聞き取り調査をしているのだ。「今日はたくさん英語を話したかな？」「英語活動はいつも楽しい？」，時には子どもへの聞き取り調査から面白い事実を掴んでくることがある。活動があまりにスムーズに進みすぎることに疑問を持った兼重先生，授業の後，早速，子どもたちに聞き取り調査をした。そして分かった事実。「今日の授業のために，先生は事前に何度も子どもたちとリハーサルをしています！」，兼重先生が授業見学に行かれる学校の先生方，授業後必ず兼重先生は子どもたちにインタビューをして彼らの本音を探ります。くれぐれもご注意を！

言葉の錬金術師梅本龍多先生

通称「梅ちゃん」で愛されている梅本先生は，大阪府河内長野市にある文部科学省の研究開発校で10年以上研究の中心的な役割を果たしてきた。まさしく小学校英語教育界の現場におけるトップランナーである。

そのぽっちゃりした体型といつも穏やかな笑みを浮かべている阿弥陀如来像のような表情に我々はいつも癒されている。梅本先生のおしゃべりは，大阪人ら

しくいつも笑いを意識し，ネイティブ・スピーカーとのティーム・ティーチングでも教室に爆笑の渦を巻き起こす。誰と組んでも即興の漫才ができるようなその軽妙なおしゃべりの中に，梅本先生の小学校英語にかける情熱がはっきりと見える。ここで，印象に残る梅本語録をいくつか紹介する。

(1)「どこかに英語で親孝行ができるネタありませんか？」

梅本先生と教育センターで知り合った頃に梅本先生が私に尋ねた言葉である。英語で親孝行ができるネタ？およそ私のような高校の英語教員だった者にはない発想である。梅本先生曰く，「小学校英語での僕の究極のネタは，英語で親孝行をすることなんです。子どもに親に対する感謝の気持ちを持たせられるような活動を探しているんですわ。」教科書の内容を教えることのみに汲々としている英語教員の心に，この言葉はどのように響くであろうか。

(2)「言葉は人のために使うのです。」

外国語活動や外国語科の学習指導要領の目標には，共通して「積極的にコミュニケーションを図ろうとする態度の育成」がある。しかし，この「積極的な」という言葉を誤って捉えている場合が往々にしてあるように思われる。たまたま訪れた学校で廊下を歩くネイティブ・ジャパニーズの私に子どもたちが「ハロー！」「グッドモーニング！」とあいさつをする。これを積極的なコミュニケーションの態度とは私は思わない。言葉のやりとりではTPOをわきまえなくてはならない。何のための英語を使うのか。梅本先生の「言葉は人のために使うのです。」という言葉の意味は深い。

(3)「『ほめる』ことと『ねぎらう』ことをセットで活動を組み立てています。」

ほめることは簡単である。子どもが評価規準を理解していて，活動でそれを満たせればほめてやればよい。しかし，ねぎらうことに評価規準はない。たとえ活動で活躍できなくても，見えないところで友達を助けていた子どもがいるかもしれない。そういう子どもをしっかりとねぎらってやりたい。梅本先生曰く「子

どもを伸ばすのはほめる言葉とねぎらう言葉。これらの言葉がセットで使えるように活動を組み立てています。」

(4)「『大変』という言葉はどういう意味か知っていますか？」

　これは，大阪府教育センターの研修で梅本先生を招いたときに出た名言である。その時の研修を実況中継風にいくと「先生方，小学校に英語が入ってきて，『大変や，大変や！』と言っているでしょ。（黒板に大きく大変と書く）では，この大変という言葉がどういう意味かを知っていますか。『大阪は変！』とは違いますよ（爆笑）。蛭田先生，これうけましたね。実は大変というのは『大きく変わる』ということです。確かに英語が小学校に入ってくると，より一層仕事が忙しくなるかもしれない。でも，英語活動の導入がきっかけで，もう一度授業のあり方を見直す。私たちも大きく変わることができるのです。それが大変ということなのです。」

　このような座員たちと仕事ができる私は幸せである。彼らに共鳴できる共通の根を感じるからだ。「休まず，遅れず，働かず。」私が尊敬する校長先生の言葉である。「継続的に勉強せよ。時代の変化に遅れるな。そして自分自身のために働くな（世の中のために働け）。」という意味である。私が菅一座のメンバーに共鳴する共通の根，それはこの校長先生の言葉そのものである。

玉手箱，開けてみれば元気のもと

　　　　　　　　　　　　　　　　　　　　直山　木綿子

1. はじめに

　私はもともと中学校英語科教諭です。縁あって，平成10年度に京都市総合教育センター研究課に研究員として赴任して以来，小学校英語に関わっています。この小学校英語がご縁で，おそらくお目にかかることがなかったであろう蛭田勲氏，お話をすることもなかったであろう梅本龍多氏，ご縁があれば小中連携英語教育のことでお話を聴く機会があったかもしれないであろう兼重昇氏，そして，文部科学省外国語教育担当調査官としてお名前ぐらいは聞くことがあったかもしれないであろう菅正隆氏と，外国語活動について互いの思いを語り合うという貴重な場を与えていただきました。ご縁とは，ありがたくもあり，恐ろしくもありです。

　さて，本書では，4人が，最後には司会者である蛭田氏も加わって，外国語活動，外国語教育に関して好きなことを言っています。ここでは，私，個人のことをお伝えしたいと思います。よく「元気やなぁ」といわれる所以を，私なりに解釈してお伝えします。

2. 言葉は言霊〜私の元気のもと〜

　中学校で生徒と授業を創っていたときのことです。私は，中学1年生の授業で，生徒もそろそろ英語を聞いたり，口にしたりすることに慣れてきた夏休み明けから，教師による1分間スピーチを，毎回授業のはじめに行うことにしました。まとまった英文を聞いてその概要とスピーチの仕方とを理解すること，自分の思いを伝えようとする態度を身につけることを目的に始めました。毎回，スピーチ

第3章　わいガヤエッセー

の後, 生徒は, 私のスピーチに以下のような評価をします。

　○…もう一度聞きたいくらいよかった

　△…こんなもんだろう

　×…二度と聞きたくない

ここで, 私がしたスピーチの中で, 全員が○をつけたスピーチを紹介します。

As you know, my first name is Yuko. 木綿子（黒板に漢字で名前を書く）

My parents gave me this name. I love my first name, 木綿子.

Why? Why do I like this name? I'm going to tell you why I love my first name, 木綿子.

Before I was born, my parents had a daughter. Her name is Kyoko, 恭子.

They loved her very much. She was good at singing.

One day, she got very sick. My parents took her to the hospital. She stayed at the hospital. But she didn't get better. So her doctor said to my parents, "I'm really sorry. I can't do anything for her." And she died. She was just four.

My parents were very shocked. My parents cried, cried and cried.

Then they had me. They wanted me to be healthy, strong, not like Kyoko.

So they named me 木綿子. 木綿 means cotton. Cotton is very strong. They wanted me very strong like 木綿. So now I am very strong.

I love my first name, 木綿子. Because I feel my parents' love through my first name.

これらの英文には，中学1年生で習っていない文法事項や単語がたくさん出てきます。しかし，どの生徒もこの話を理解しました。もちろん，私のジェスチャーや身振り手振り，声の調子などが，彼らの理解の大きな助けになったはずです。しかし，彼らは，ただ黙って，この話を聞きました。私の迫力に負けたのかもしれません。

　私は，この場合，生徒たちは，言葉に宿る言霊を感じ，私の話のおおよそを理解したと捉えています。私の伝えたいという思いと，彼らの理解しようとする気持ちとがぴったり合ったのです。言葉は，人を理解するためにあります。人を傷つけたり，武器として使ったりするためにあるのではありません。そんなことを，外国語教育を通して，児童に，生徒にわかって欲しいと思い，教師を続けてきました。私の元気は，実は名前に秘密があったわけです。

3. 鏡を持つ～私の元気のもと～

　私は，京都のあるお寺に暮らしています。近くのお寺の山門では石川五右衛門が名台詞を吐いたことで有名です。歌舞伎「楼門五三桐」（さんもん　ごさんのきり）では，大盗賊石川五右衛門が，煙管を吹かし，夕暮れ時の満開の桜を悠然と眺めながら「絶景かな，絶景かな。春の宵は値千両とは，ちいせえ，ちいせえ。この五右衛門の目からは，値万両，万々両」と言って，見えを切ったのが，その山門です。ただし，この石川五右衛門がいたとされる頃には，この山門はまだ建立されていませんでしたから，この話は，逸話ですね。いつの世もこのように，人間は自分に都合のいいように話を作るものです。

　さて，私が住むこの寺の庭に，池があります。池の周りには紅葉や椿が多く植えられており，四季折々様々な風景を楽しむことができます。京都独特の蒸し暑い夏も，この池の水面と木々の間を抜けてくる風のおかげで，日中は扇風機だけで過ごしています。自然のすごさを日々感じ，感謝の毎日です。

このようなお寺で暮らす私の日課についてご紹介します。

　先住職が元気だった頃，先住職が朝5時には寺の門を開け，本堂の仏さまに毎朝お茶と炊き立てのご飯とをお供えしていました。しかし，先住職が亡くなってからは，毎朝の開門は私の，本堂へのお供えは義母の日課となりました。朝，暗いうちから寺の門を開けるのは，自分の世界と外の世界とを繋ぐようです。古いためか，開ける時に戸が「ぎぃー」と音を出します。その音とともに，寺の庭に外の空気が一気に流れ込んできます。この空気が押し寄せてくるのを全身で受け止めるのが，これまた気持ちいいのです。そして，夏などは，すでに明るい5時頃，境内を散歩されるおじいさんやおばあさんと挨拶を交わすのも早朝の楽しみの一つです。

　しかし，義母が数年前，病で倒れ，介護が必要になってからは，開門にくわえ，本堂のお供えも私の日課となりました。毎朝，門を開け，お茶を沸かし，ご飯を炊きます。湯気の上がるお茶とほかほかのご飯（お仏飯）とをお盆に載せ，本堂に向かいます。外はすっかり明るいのに，本堂はどことなく薄暗く，夏でもひんやりしています。特に仏さんがおられる本堂の奥は薄暗く，少々緊張します。お茶とお仏飯とをお供えして，仏さんを見ながら手を合わせます。私は，この本堂での時間をとても気にいっています。

　お供えするときに，十数秒のことですが，仏さんと話をします。戦争がなくなりますように，皆が幸せになりますように，娘が今日も楽しく一日を過ごせますようにとお願いをします。もちろん，自分のこともちゃっかりお願いします。今日は，打ち合わせがあります，うまくいきますように，今日は失敗をしませんようにと。また，今日は，とても気持ちがいい一日です，ありがとうございます，昨日，研修でうまく話せました，ありがとうございますと感謝もします。

　しかし，このような穏やかなお願いや感謝ばかりではありません。時には，「ええかいな」と思うようなことも話します。たとえば，「今日はめちゃくちゃ腹が

立ちます，悪いけど，今日は話をする気にはなれません」と，仏さんをしっかり見ないこともあります。もっとひどいときになると，「○○は，こんな許せないことをしています，罰をあててください」と，堂々と仏さまに言うこともあります。こうなると，話をするというよりは，私が一方的に怒りをぶちまけているだけですね。でも，仏さんは，黙って聞いてはります。じっと私がすること，思うこと，言うことを，見て聞いてはります。

　お寺に住みながら，仏教のことはよくわかりませんが，お釈迦さまがお悟りを開き，仏さまとなられ，その教えが仏教だと考えています。私には，お悟りを開くことがどのようなことで，お悟りを開くと，仏教ではこころが安らかになるといわれていますが，一体それがどのようなものかはわかりません。（わかっていたら，老師さまになっていますが）実際，仏さんがどのような方なのかも，実際におられたのかもわかりません。

　ただ，毎朝，本堂で仏さんにお供えをするとき，仏さんに話をするとき，私の中にもう一人の私がいて，私は，そのもう一人の私と話をしているように思います。そのもう一人の私は，私の考えていること，していること，全て知っているわけで，うそをつくことはできません。たとえば，自分に都合のいいことをお願いしたときには，もう一人の私が，「またまた，自分に都合のいいことばかり言って。そんなせまいこころでどうするの」と言うのです。私は，ばれたかと思いつつ，そそくさと本堂を出ます。「こんなつらいことがあった。悲しくて，もう人なんか信じない，信じられへん」と言うと，もう一人の私が，「ほんまや，ほんまや，それはひどすぎる。ようがまんしてる」と。私は，そうや，私はよう我慢してるわ，えらいわと，なんとなく納得して，つらかった気持ちも半減して，まぁ，もう一回頑張ってみるか，やってみるかと思い直して，本堂を出ます。

　仏さんは，私が穏やかなお願いをしたときも，わがまま勝手なお願いをしたときも，怒りをぶちまけたときも，ただただ黙って私のすること，言うことを，

見て聞いてはります。穏やかなお願いをしたときには，優しい顔で私を見送り，勝手なお願いをしたり，怒りをぶちまけたりしたとき，そっと下から仏さんの顔を覗くと，冷ややかに私を上から見てはります。そのとき，私は，そんなお願いをしたり，怒りをぶちまけたりした自分が恥ずかしくなります。

　こうしてみてみると，仏さんとは，自分のこころの中にいてはることがよくわかります。仏さんとは，自分のこころの鏡なのだということがよくわかります。

　こころの中にもう一人の自分を持つ，その自分が，本当の自分を少しはなれたところから観ています。あんたの考えていること，正しいか。あんたのやっていること，正しいか。あんたなかなかやるやんかと，もう一人の私が，私を戒めたり，励ましたりしてくれます。

　私は，よく「落ち込まないなぁ」といわれます。「立ち直りが早いな」とも。ひどいときには，「ほんまに反省しているのか」といわれることもあります。私は，思い悩み，落ち込み，反省もしています。でも，思い悩んでも一晩寝て，翌朝本堂に行き，仏さんと話すと，立ち直れるのかもしれません。仏さんのおかげです。

　ただし，本堂に行くのは，朝のみと限っています。特に，夕方4時以降，本堂へ行くのは遠慮しています。また，ちなみに，私はキリスト教系大学を卒業しています。大学では，チャペルの時間があり，それにもよく顔を出しました。それに，小学生の頃は，近くのカソリック教会の日曜学校にも顔を出していました。

　宗教，皆仲良くです。仏さんも，イエス・キリストさんも，自分の教えが一番なんて言ってはいません。言っているのは，人です。石川五右衛門の話と同じ。人が話を作っていきます。原点を忘れて，自分の都合のいいように。

4．原点に戻る〜私の元気のもと〜

　ところで，話は変わりますが，昨年，大阪の高級料亭「船場吉兆」が，客が食べ残した料理を使い回していたり，牛肉産地を偽装して販売していたりという

不祥事が発覚し，客離れが進み，廃業を余儀なくされました。また，三重県伊勢市にある老舗「赤福」は，売れ残り商品の製造日を偽装するという不祥事をおこしました。このような事件が起こるたびに思うことは，原点を忘れているということです。料亭「船場吉兆」は，創業者が，みんなにおいしい料理を楽しんでもらおうと料理屋を開業したことが始まりです。大阪に来た旅人や，大阪の人に，大阪のおいしいものを食べてもらおうと，客のことを思って店を始めたはずです。また，赤福も，伊勢神宮にお参りに来る人々に，甘いものでも食べて旅の疲れを癒してもらおうと創業者が始めたはずです。これが原点です。どちらも，ずるいことをしてやろう，人をだましてやろうと思って店を始めたわけではありません。

ところが，店が大きくなり，儲けが出てくると，開業した頃の思いや，創業者の熱い思いなどは忘れ去られます。原点を忘れ，こころに煩悩が芽生えてきます。欲が出てきます。このとき，こころに鏡があったなら，仏さんと話をしていたなら，原点に立ち戻れたのではないかしら。自分がやっていること，考えていること，しようとしていることを，もう一人の自分が観る，うそやごまかしはできない，ずるいことはできないはずです。

5. さいごに

私たちは，ご縁があり，どこかで誰かとかかわりあって生きていると日々感じます。だから，腹を立てたり，うれしくなったりするわけです。まさに煩悩を持って生きているからこそ，人であり，言葉でその煩悩と闘っています。

小学校外国語活動というご縁で，菅正隆氏，蛭田勲氏，梅本龍多氏，兼重昇氏をはじめ，たくさんの方々とかかわりがもてたことに，感謝です。

第3章　わいガヤエッセー

ゆかいな仲間たち

梅本　龍多

1．ゆかいな仲間たちとの出会い

　はじめに,「小学校英語わいわいガヤガヤ玉手箱」の4人の先生方との出会いについてお話ししましょう。

　まずは,菅先生。大阪府教育センターでお会いしたのがはじまりでした。とにかく,「怖い」の第一印象でした。その後は授業を観ていただいたり,討議会でいろいろ的確なご指導をいただいたりしながら,一方的な「怖い」のイメージが少しずつ「すごい先生」に変わっていきました。菅先生が文部科学省に着任されると知ったとき,これで小学校で英語が必修になると,とてもうれしく思ったのを覚えています。そして,その通りになったことがとてもうれしいです。ところが,菅先生に対する「怖い」というイメージは,私のハートの中で変質を遂げながらも今も消えずに残っています。それは,携帯にかかる電話とメールです。みなさん,菅先生からですよ,教科調査官（私たちは,「なんでも調査官」と呼ぶとき,いやいや呼ばせていただくときもあります）からの直（ちょく）生（なま）電話ですよ。ブルブルと携帯電話が震えるたびに,「菅先生かも？」と私もブルブル震えながら着信を見るのです。そこで,菅先生と分かった瞬間,起立して,一瞬ためらいながら緑の受話器マークを指先を震わしながら,ある種の覚悟を持ってパチッと押すのです。かといって,菅先生からドッカーン！とおしかりを受けたことはないはずですが,おしかりを受けそうなことばかり（例えば,原稿の未提出）しているからブルブルするのです。

結局は自分が悪いだけなんですけど…。

　次に，直山先生。直山先生との出会いは，とある英語教育に関する学会の発表だったと思います。3人ほど順に話していくわけですが，なんと運の悪いことに私は直山先生の「すぐ後」でした!!! ここまで読まれた段階で「プッ」と笑われた方は，はっきり言って小学校英語の通（つう）です。そのときまで直山先生のすごさは噂（よい噂ですよ）には聞いていましたが，実際に目の当たりにした直後でしたから，もう大変。普通なら，直前の先生の話を聞きながらも自分の発表が気になって，心の準備をしたりしますが，その暇もない。どうしても，直山先生の声が聞こえてくるわけです。しかもその迫力!! 私は，直山先生がお話しになった以上に疲れを覚え，心の準備もさっぱりできないまま自分の番になったのを覚えています。そのとき私が話した内容は覚えていません。

　さらにもうひとつ，直山先生は，「隙間の時間」をうまく使われる天才だと思います。切り替えが早くて，すぐ集中できる特技の持ち主です。たまに，菅先生と戦闘状態に自ら突入されることがあって，それはそれは身の毛もよだつ恐ろしいひとときを満喫させていただく時がありますが，そういうときは，兼重先生と2人で無言で堪えています。ちなみに，直山先生のお名前は「ゆうこ」。私の家内の名前も「ゆうこ」。共通点はここでは言えません。ヒントを書くとすれば，「〇わい」です。（〇に入る平仮名は「か」行ですよ！）

　兼重先生。兼重先生との出会いは，スペインとフランスに現地の小学校の英語の授業等の調査に菅先生や直山先生方と行ったときです。というとカッコいいですが，実際に出会いはそうなんです。スペインやフランスでまるで金魚のフンのように私は兼重先生と行動を共にしていました。海外経験豊富な兼重先生とご

一緒させていただいたのでとても心強かったです。（ちなみに菅先生はスペインに超詳しい。詳しすぎるほど詳しい。アブナイ！）

　兼重先生とパリでマクドナルドに行ったことは良い思い出です。２人別々にオーダーして，トレイを持って２階に上がろうとした時，上から下りてきた人と私のトレイがぶつかって，あれよあれよという間にコーラがパンパラピンと下に落ちて行った。落ちるだけでなく，その途中で座っている先客のコートにバシッとぶつかりながら，そして，しぶきをあげてハード・ランディング。ピンチ‼　私のコーラが…。というより，ゲッ，どうしよう？しかし，私はそんなことには一向にめげず，あわてることなく，日本人としての誇りを持って，ドヤドヤッと兼重先生と上にあがって，びくびくしながら，またのどの渇きを覚えながらハンバーガーを完食しました。そのときさすが兼重先生，私と一緒に何事もなかったように完食。一階に降りると，いやびっくり，きれいに掃除されていました。パリの人は，きれい好きです。

　蛭田先生。蛭田先生との出会いも菅先生と同じ大阪府教育センターです。とにかく，「紳士」「やさしい」のイメージで，言うことなし！蛭田先生とは，府のセンターの研修でお会いすることが多いのですが，いつも細々としたところまで気を配っていただいています。私の至らない講演の後でも，さっと言い足りなかったことやまとめ切れなかったことをポロリと最後に言ってまとめていただいています。さすが。流石！いつか，「一緒に漫才を」とも思っていますが，それにはまだまだ私は修行が足りな

いなと思っております。あるとき，蛭田先生に携帯メールをしたとき，先生から「サンキューベリーマッチ。シーユー。」と音声英語でいやいやカタカナで返信していただいたことがあります。これは新鮮でした。私の心には確かに蛭田先生のお声が聞こえるからこれが不思議です。そのあと，直山先生や兼重先生にもカタカナ英語でメールしてみましたが，皆さん，カタカナ英語で返信していただき，ちょっとしたブームを作るきっかけになりました。ちなみに菅先生宛のメールにはさすがにカタカナ英語で「アイムソーリー」なんて打てません。

2. 小学校英語との出会い

「先生，英語担当をお願いします。担任はできません。5年の理科と生徒指導もお願いします。」平成8年3月末，内示も出て次は天野小学校へ転勤と聞いていた頃，天野小学校の校長先生が当時勤めていた小山田小学校までわざわざ来られて私にこう言ったのです。

当時，私は，小学校に英語の導入を検討していることや文部省（当時）指定の研究開発学校が何であることなどまったく聞いたことすらなかったので，とにかく驚いたのを覚えています。

素直に，「人事は自分が決めることではない」と思っていた私は，深く考えずに「はい。」と校長室の窓から見える外の景色を見ながら答えました。というか「はい」以外の選択肢はないと気づいていました。ただ，「担任を続けたい」と思っていたので，自分にとっては，英語をすることの大変さよりも，担任ができないことに対するショックの方が大きかったのです。それでも，「先生は当分何もしなくていいです。担任の先生とNET（河内長野市ではALTのことをNET: Native English Teacherと呼んでいます）がすべての時間に入りますから。とにかく，授業の記録をして下さい。」と言っていただいたので，少しは気が楽になりました。

しかし，人間おかしなもので，何もしなくていいといわれるほど燃えるものはありません。ただ，心では燃えていても，さて何をすればよいのかさっぱりわからないというのが実情でした。始まればなんとかなるだろうぐらいに思っていました。

　今ではこんな風に言われて英語担当になる先生はいないでしょう。「何もしなくていい」ですよ。信じられますか？研究開発学校の指定ですよ。普通だったら「あれもして，これもして」かもしれません。さすが，校長先生です。人の動かし方をよくご存じです。いやちっと待てよ，ひょっとしたら，私は何も期待されていなかったのではないでしょうか。期待されてなかった・・・。人生，そんなものかもしれません。期待されると裏切りたくなるものですから，その方が良かったのかもしれません。

　このようにして，平成8年4月，文部省（当時）の研究開発学校の指定を受けた河内長野市立天野小学校に英語担当として赴任したのです。

3．1年目の思い出

　天野小学校に赴任してから真っ先にしたことは，英語を聞くことに私自身が慣れるように，NHKのラジオ講座や教育テレビの英語番組をかたっぱしから録音したり，録画したりして，通勤の車中で聞いたり，夜，家でビデオを観たりしました。これがなんやかんやと手間なんだけれど，楽しい。覚えているものがでてきたり，「なんやそう言うんや」みたいに知識も増える。授業で即使えるクラスルーム・イングリッシュの勉強にはならなかったけれど，NETと話したり（と言ってもほとんどが日本語）するときに役立っていたのだなと思います。

　あとは，授業をビデオに撮り，テープ起こしをして，指導案の展開の書き方で整理し，職員に配付しました。1日でも早くどのような授業をしているか職員全体に知らせたくてやってみました。指導者の欄は，NETとHRT，そして私

でしたが，HRTと私のところはほとんど記録するような言葉はなく空欄が多かったので，使用したワークシートを縮小コピーして貼ったりしました。テープ起こしをしていてどうしてもわからないところは，NETと一緒にビデオを観て教えてもらったりしました。そんなこんなで，授業で使う英語（クラスルーム・イングリッシュ）を少しずつ学んでいきました。その後，授業中のNETの指示もよくわかるようになりましたし，発音は悪いですが，自分でも言えるものは言うようになったと記憶しています。テープ起こしは，10本近くしましたが，心からお勧めする自己研修です。（時間，かかりますよ。）

　しかし，依然として何もかもと言っていいぐらいNETに任せっぱなしでした。NET依存症にかかっていました。それが少しずつ変わっていくわけですが，そのきっかけは，NETと一緒にビデオを使った教材作りを始めてからでした。レッスン・プランやワークシート，絵カード（掲示用）はすべて当時のNETが作っていたので，なかったのはビデオ教材ぐらいでした。そこを一緒に作るようになったのです。ビデオ作りは，得意？でしたので，ビンゴに使うようなものをたくさん一緒に作っていきました。一緒にといっても，河内長野市が直接雇用しているNET（当時は4人）と作っていくので，すべて英語で打ち合わせをしながら作っていくわけです。大変です。私はカメラ担当ですから，どうしてもああしてほしいとかこうしてほしいとか伝えなくてはならないのと，失敗すると撮り直す理由を伝えたりしなくてはならず大変面倒なので，絶対失敗しないように超緊張しながら撮影したのを覚えています。当時は，コンピュータで編集とかできなかったので，時間もかかりました。

　それと，英語教育にかかわる本をよく読みました。小学校英語にかかわる本がなかったのが幸いして，いわゆる専門書を手にしたわけです。小学校英語にかかわる本だけ読んでいればいいというものではありません。英語教育全般に関わる本に皆さんも挑戦してみてくださいね。

そんなこんなで,「子どもたちと英語との出会いを変えたい」と願いつつ,研究がスタートしていったわけです。

4. 天野小での最後の授業
さて,天野小学校で10年間勤めましたが,そこでの最後の授業を最後に紹介します。4年生の授業でした。1/2（2分の1）成人式のスピーチを終え,1年間の最後ということもあり,私を中心として子どもたちが円になり感想を一言ずつ言ってくれました。「先生のおかげで英語が好きになりました」「発音が良くなりました」「ゲームが楽しかったです」など,いろいろとその子とその子の言葉とを合わせて涙の流れるのをこらえて聞いていました。そして,最後の時間の最後の男の子の番になりました。彼はとても元気な子どもで何でも一生懸命取り組む子でした。彼は,「そんなんじゃなくて」とまず言いました。「そんなんじゃなくて,内容が良かったです。」と言ってくれました。私は,10年間やってきて本当によかったと思いました。子どもたちが英語の教室を去った後,私は感動のあまりその学級の担任の先生と目を合わすことができませんでした。共に子どもたちのために頑張ってきた最後の授業だったからです。

5. 感謝
今まで,私は多くの人に支えられてきました。この「玉手箱」の4人の先生方はもちろん,私たちが作った授業に懸命に応えてくれ感動を与えてくれたすべての子どもたち。共にがんばってきた先生方。そして,後方から支えてくださった文部科学省をはじめ教育委員会の先生方。天野小,高向小,西中学校に時間をさいて訪問して下さり,子どもたちに自信をそして私たち教師にヒントを与えてくださった先生方。そして,愛すべき家族に感謝を申し上げます。ありがとうございました。

日々修行〜私のこれまで,これから,そしてメンバーの方々

兼重　昇

教員を目指して・・・

　大学で中学校教員養成課程英語科に進学してからは,中学校の英語教員になろうと考えた。大学を選ぶ際には小学校教員にも興味はあった。小学校教育と,中学校英語,共通点は,どちらも新しさと影響力の強さに惹かれた記憶がある。そもそも教育学部に進んだ理由は定かではないが,英語教師だった父の影響があるのかもしれない。それに加えて,小・中学生時代に受けた教育実習生の授業に揺さぶられたと思う。それまでも十分良い授業を受けていたのだと思うが,教育実習生の一生懸命な授業や教材は,受ける私の心にとても印象的に残っている。今思えば,教育実習生の作る授業がどれほど良かったのかは疑問が残るが,いかにも時間をかけたであろう教材と不器用でも熱心な授業姿にその当時の私は感動を覚えたのである。

　大学進学後,卒業論文では,「授業研究」という分野を研究の中心として取り組んだ。授業を見たりすることが楽しかった。修士課程でもそれを継続した。当時のビデオカメラは,テレビ局の人たちが持つような大きなもので,大学から借りて,肩に担いで授業の記録を撮ってまわった。まだ児童の肖像権が大きな問題になるほどではなかったため,たくさんの授業を見たり録画したりした。本当に楽しかった。採用試験も合格し,中学校英語教師になる夢が現実になるところだった。

研究という世界と授業実践

　しかし，ふとした心変わりで，博士課程に進んだ。そこで「研究」という世界のシビアさを学んだ。これまで自分の中心だった授業研究では論文を書くのが難しいと指導を受け，方向転換をした。研究論文をいかに産出するのかがこの世界では重要視される。方向転換した先は，ある文法項目をどのように教授するのが効果的かという課題であった。確かにそれ自体は興味深いものであったが，そこに一人ひとりの学習者の生々しい姿が見えてこないというジレンマも同時に感じていた。

　その時に，非常勤として高等学校で英語の授業をすることになった。好きだった授業との再会だった。進学校のため生徒たちは偏差値の高い大学へ合格するという明確な目標を持っていた。生徒が教師の実力を試すこともある。難関大学とよばれている入試問題を持ってきて，「教えて」という探りをいれる。そこでできないとは言えない。プレッシャーの中で良い勉強をさせてもらった。

　それから，運良く大学へ就職。ほどなく中学校での英語授業を体験することができるようになった。

正確な名称は忘れたが，大学と附属学校との協同事業の一環だったと思う。当時，大学には英語教育の先生方は何人かいたが，1学年3クラスだったために，3人の先生で1クラスずつ担当した。大学の教員が小・中学校へ授業をしに行くというのは仕事量が増えるという理由で拒否される方が多い。そんな中，最も年配だった教授の先生が率先して授業をする姿を見て，こういう方が上司としているのは安心できる。そこでも，やはり授業をしてみて，授業のことが語れるのだと実感した。

小学校英語との出会い
　そして，ついに小学校英語との実質的な出会いである。勉強不足ながら，運営指導委員の仲間に入れていただいた。一緒にさせていただいた先生とビデオ教材を作ったりもした。既にその頃には，研究開発学校などでの実践はある程度の成果を発表するに至っていたが，私の中では，これまでの「英語教育観」が邪魔をして，モヤモヤした感覚がずっと続いていたものである。
　そして鳴門教育大学へ異動。当初「実技教育センター」という学部学生の英語力向上を図ることを意図したセクションに配属された。その間も細々と小学校英語には携わっていたものの，数年後「小学校英語教育センター」が設置されるのにともない，学内配置換えとなった。このかけだしたばかりの組織で何をどのようにしていくのかは，手探り状態だった。まだまだ自分の中でもブレている小学校英語へのストレスは大きかった。できるだけ多くの小学校英語の実践を見せてもらったり，国内外の教員研修制度・内容を調査したり，実際のワークショップを受講したり，また附属小学校での授業実践にも関わらせていただいた。それでも分からないことだらけだった。そこで，菅正隆調査官のご指導をいただいた。当時はまだ学習指導要領も出されていない段階で，菅先生のお話は心にすっと落ちた。肩の荷が下りた気がした。そして併せて「英語教育の変換」を求められて

いることをヒシヒシと感じた。

玉手箱への架け橋

　菅先生との出会いが，玉手箱への架け橋をいただいたことになる。菅先生は非常に求心力のある存在である。いつの間にか先生の周りには人が集まっている。その中で，これまでの研修会で講師として活躍されていた先生方とも知り合いになり，たくさんのことを教えてもらった。いつも抱えきれないほどの情報をいただき，それをどう生かしていけるかが楽しみだった。

　しかし，この玉手箱のメンバーはその筋のプロフェッショナルばかりである。授業実践のプロ，授業実践と行政のプロ。それでは私はプロの研究者なのか。それも十分といえない。気後れする。また悩み，修行の日々が始まった。人はみな前進している。スタートラインが既に違っているメンバーとの距離をうめることは容易でないことはすぐに理解できた。そして，それで良いのだと納得するようにした。

　玉手箱メンバーからいただいた情報を時にはできるだけ正確に伝え，時にはアレンジして自分のものとして試しながら，教員研修や授業実践で生かすことにした。あくまでも自分の中で処理し，自分のことばで表現し，実践することをこころがけるようにした。単なる受け売りでは，コピーマシンになってしまう。やはり修行である。

お遍路研修と修行

　鳴門教育大学小学校英語教育センターには，お遍路研修というものがある。これは，大学が旅費を負担してくれ，全国の小学校等で研修をする機会を提供する制度である。お遍路という名前は，大学の所在が四国であることに由来しているが，もうひとつの意味は，派遣される我々もそこで授業や現場の修行をさせて

いただくことを意味する。

　教育を語るにはもちろんこれまでの歴史的経緯を良く知らないといけない。そして，今を語るには，現状を知らないといけない。先述の自らのわずかな経験は，今の教育を語るほど豊かであったとは言い難い。常に情報をアップデートしないと今には対応できない。このお遍路研修は，大学にとっては，このご時世を考えると，予算を使っての一つのチャレンジであると思う。そこから「多くのことを身につけよ」という指令がでているものと解釈している。やはり修行である。

玉手箱メンバーについて

　玉手箱メンバーとの出会いは，やはり菅先生の求心力からである。もちろん個々の先生方を，一方的には知ってはいた。しかし知り合いではなかった。私は，観客，受講者の1人であった。

　菅先生は本学の小学校英語地域サポート事業の一環でご指導，ご講演をいただいたのが最初である。文部科学省の方が来られるということで，私も，本学の学長，理事，事務方が皆，緊張して準備していた。お昼前にご到着予定だったため，お弁当も用意して到着を待っていた。しかし，到着するや否や「お弁当はいいから，徳島ラーメン食べに行こう」と。後で分かったのだが，どこに行っても（もちろん海外であっても），その地の特産を誰よりもよくご存じの方である。時には地元の方々よりも。ご講演は観客を動かしながらの和やかな語りぶりで瞬く間に過ぎ，疾風のように高速バスに乗って帰って行かれた。私は菅先生のご講演，ワークショップが好きだ。それは常に新しい情報を一つは追加されることである。立場的にお話が難しいところもあるのだと思うが，一つでも新しいことを知ることができるのはうれしい。受講者としてはこれがたまらない。リピーターが多いわけである。そして，書かれる文章も読者を惹きつける。様々なタッチをお持ちなのだが，連載ものは必ず次を読みたくさせる。これは先生自身が，雑誌などを

良く「調査」されているからかもしれない。これからも紙袋を有効活用してください。

　直山先生とは，ある会議で初めてお話しすることができた。ワークショップでみていた姿は，いつも元気の良い話しぶりが印象的だったが，直接お話ししてみると，京都弁の優しい音が耳にとても心地良い。そして，誰に対しても歯に衣着せぬことばでズバッと真実をつく姿は，某番組の「もう逃げるところはありませんよ！」と言われているようである。ただ，仕事をしている姿だけでなく，お家のこともされている様子を見聞きすると，いったい睡眠時間はどれくらい？と聞きたくなるくらいである。しかしこの大人の姿と好奇心旺盛な子猫のような気持ちとを併せ持つ魅力的な方である。でも，あまり店のものを勝手にさわらないでくださいね。ずっと同級生？でいさせてください。

　蛭田先生ともある会議で初めてお話しすることができた。関西弁を話される姿はとても，大学時代を東京で過ごされたとは思えない。蛭田先生のお話はいつも涙を誘う話しぶりである。ご趣味の落語と通じるものがあるのではないかと思うが，とにかくお話がうまい。そして，決して批判はしない。一緒に学校訪問をさせていただいたこともあるが，学校のわずかなところも見逃さず「ほめて，ほめて，ほめまくる」。しかし，ポイントは逃さない。すっかり良い気持ちになったところで，改善点をサラッと語られる。決してイヤな気持ちにならない。まさに指導主事テクニックの妙というべきものだった。蛭田先生とはまた別のつながりもある。蛭田先生の教え子が鳴門教育大学を卒業し，また大阪に戻って小学校教員となっているということである。私も，大学でのサークル活動で関わりがあったのと，印象的な学生さんだったので良く覚えている。蛭田先生の中では「花のお話」と言えば分かるというくらい色んなところで登場しているらしい。是非読者のみなさんもおたずね下さい。自転車には鍵を忘れないようにしてください。

　梅本先生は一方的に知っていた期間が最も長い先生かもしれない。研究開発

学校の中心であった先生は一見すると「恐い」イメージがあった。しかし，ワークショップを受講したり直接お話をさせていただいたりして全く違うことに気づいた。ハスキーなのに，柔らかい話しぶりには，「こころ」がこもっている。また，外見とは似合わず非常に分析的で緻密である。授業計画の緻密さはもとより，記録マニアと思わせるほど，様々なものの記録，収集ぶりは驚くほどである。最初に見せていただいたデータは，これまでに行ってきた授業数。具体的には忘れてしまったが，なるほどこの授業時間数からすると引き出しが多いのは納得できる。一緒に海外へ調査研究へ行った際には，教材に使えそうなものは全て購入されたり写真に残されたり，こうした日々の積み重ねが授業に生きてくるのだなと感心させられた。先生の言われる「私の，私たちの特別な，大切な・・・」という気持ち，心は今でも私の中で大切にしていることばである。「英語」を教えることをこれまで考えてきた私にとっては，やはり大きな転換期を与えてくださった先生である。

　I want to go to France again. (Why?) I want to go to McDonald in Paris.
　世界のスタバ，マックを調査しに行きましょう！でも，トレイはしっかり持ちましょう。
　上の順は深い意味があるわけではないが，玉手箱メンバーとの出会いである。メンバーそれぞれ個性がある，それがまた良い。誰一人同じではない。まさに「みんなちがって，みんないい」（金子みすず）である。

最後に
　本対談でも「兼重さん話せ，記録が残らないぞ！」という指示が何度も飛んだ。当然このメンバーの中では，気後れする。「コミュニケーション能力がないぞ」

ともいわれ，そりゃこのメンバーなら仕方ないというのは読者の方々なら分かっていただけるのではないだろうか。なかなか難しい！

やはり・・・日々修行。

※第3章に登場するメンバーの職名は 2009 年 2 月現在のものです。

おわりに

　本書を作成するにあたって，5人で座談会を行うことになりました。それは，まだ春にはほど遠い2月のある日のことでした。

梅本　何を話すんでしたっけ。

菅　　本音だよ。本音でトーク。

蛭田　僕，猛獣使いみたいですね。

直山　それ，どういう意味？

蛭田　お～危ね～。

直山　兼重さん，起きてる？始まるよ。

兼重　ふぁ～い。

　かくして，檻に入れられた猛獣たち？の座談会が始まりました。

　2時間経過後，小休止を取ることになりました。

直山　さすが，蛭田先生。絶妙なさばき。

蛭田　そうですかね。いつも，菅先生に鍛えられていますから。

梅本　そうですよね。うちなんか，菅先生からメールが入ると，皆，息を殺して僕が読み上げるメールに聞き入るんですよ。

兼重　ひょっとして。

梅本　そうそう，この前は，夜の8時くらいにメールがあって，「何かおもろい話ない？笑わせて」と書いてあったんです。それで，家中みんなで，おもしろいネタを探し回ったんです。娘は，漫画でおもしろいネタを探し出そうとするわ，嫁は近所に聞きに走るわ，おじいちゃん，おばあちゃんは昔の面白いことを思い出そうとするわ。すると，また10分後にメールが入るんです。「ま～だ」って。怖いですよ。するとおじいちゃんが，「居留守使ったらどうだ。いないふりすればいいんじゃないか」って言ったんですね。みんな「？」なんですよ。そこで，返信メールに，「ただ今おりません」と

メールしたら，これが菅先生に大ウケ。その日は，家庭円満で，安心して寝ることができました。
菅　　あのね。俺は悪魔か。
蛭田　うちもよくありますよ。僕の携帯は菅先生から電話が入るとすぐに分かるようなシステムにしてあるんです。だから，菅先生から電話が入ると，子どもたちは腫れ物に触るかのようにして，携帯を僕のところに持ってくるんです。すると，菅先生は，「今，風呂に入っているだろう」「今，トイレだろう」とまるで見ているかのよう話すんです。
菅　　また，俺ネタ？それは，壁に反射する音で判断してるから。
蛭田　でも，うちの子どもたちは，みんな菅先生のこと好きですよ。
梅本　うちもですよ。会ったことはないですが。
蛭田　うちもそうですよ。ただ，お土産をくれるから。
菅　　ありがとう。
　などと話をして，また座談会の再開です。そして，座談会は開始から延々7時間を要して終了の運びとなりました。
直山　疲れたね。
兼重　確かに。
直山　でも，さすが蛭田さんの名司会でここまでこれたんだよね。
蛭田　ありがとうございます。
直山　梅本先生や私だったら，ぐっちゃぐっちゃだったろうね。
梅本　僕は大丈夫ですよ。直山さんなら，司会なのに1人でしゃべってばかりかもしれませんよね。
直山　梅ちゃん，いいんか？それで。
梅本　すみません。直山さんもしっかりした名司会になります（心の中では，迷司会と思っている）。

直山　それでよし。
兼重　なんか菅先生，変ですよ。
直山　変なのはいつも。
兼重　泣いてるみたいですよ。
梅本　どうしたんですか？
菅　　いや，嬉しくて嬉しくて。
蛭田　どうされたんですか。
菅　　みんながあれほどまでに，子どもたちのこと，先生のこと，日本のことを考えているとは思わなかった。
梅本　そりゃ，そうですよ。怖いですもの。
直山　正解。兼重さん，聞いてる？

　こんな感じで，座談会は終了しました。

　もともと，5人は知り合いでもなく，ただ，様々な研修や研究会などで顔を合わせるうちに話をするようになりました。確かに，みんな気のおけないメンバーですが，小学校外国語活動については熱いものが感じられる方々です。この座談会をおチャラケと取るか，真実を語っていると取るかは，お読みいただいた方々の自由です。ただ我々は，このような方法もあろうと大真面目で取り組んだことだけは事実です。この本をお読みいただいたことに心より感謝申し上げたいと思っています。

　最後に，本書の作成に当たっては，開隆堂出版株式会社編集部，堤隆夫部長，伊勢馬場宏氏には，完成まで励ましの言葉をいただき，また，作成に当たっては，様々な配慮をいただいた営業担当，三野憲一氏に心より感謝の意を表したいと思います。

平成21年7月吉日
菅　正隆

著者紹介

菅　正隆（かん　まさたか）
大阪樟蔭女子大学教授

　1958年岩手県北上市生まれ。前・文部科学省初等中等教育局教育課程課教科調査官，前・国立教育政策研究所教育課程研究センター教育課程調査官。大阪府立高等学校英語教諭，大阪府教育委員会指導主事，大阪府教育センター主任指導主事，文部科学省初等中等教育局教育課程課教科調査官を経て現職。一見怖そうに見えるが，実は涙もろい人情派である。あだ名に「闘う指導主事」「闘う調査官」等があるが，最近では嘘も方便と，「英語教育界の福山雅治」を語っているが，誰も振り向くことはない。
　著書に，『すぐに役立つ！小学校英語活動ガイドブック』（ぎょうせい），『英語教育ゆかいな仲間たちからの贈りもの』（日本文教出版），『オーラルコミュニケーション―生き生き授業』（三友社出版）等多数。

直山　木綿子（なおやま　ゆうこ）
文部科学省初等中等教育局教育課程課教科調査官，
国立教育政策研究所教育課程研究センター教育課程調査官

　京都府京都市生まれ。京都市立中学校2校で勤務の後，京都市総合教育センタ

一研究課研究員，同センターカリキュラム開発支援センター指導主事，京都市教育委員会学校指導課指導主事を経て現職。小学校学習指導要領解説外国語活動編作成協力者。言わずとして知れた小学校英語活動のカリスマ。中学校の英語教員ではあるが，小学校担当になるや一念発起し，小学校教員免許を取得するなど積極的である。「しゃくれ・ゆうこ」のあだ名をこよなく愛している。著書に，『小学校新学習指導要領の展開』（明治図書出版），『ゼロから創る小学校英語』（文渓堂）等多数。

蛭田　勲（ひるた　いさお）
大阪府教育センターカリキュラムセンター首席指導主事

　1958年大阪府吹田市生まれ。大阪府立高等学校英語教諭，大阪府教育センターカリキュラム研修室指導主事を経て現職。ユーモア溢れる熱い語り口で，一瞬にして生徒の心を掴むその授業は，わかりやすいと定評があり，放課後の講習でも多くの生徒が詰めかけた。趣味は落語。特に桂米朝の大ファンで，以前は道を歩きながらも米朝師匠のネタを口ずさんでいたほど。日本一の褒め上手，「わいガヤ」一座の太鼓持ちでもある。著書に，『平成20年度改訂小学校教育課程講座外国語活動』（ぎょうせい）等多数。

梅本　龍多（うめもと　りゅうた）
関西大学初等部開設準備委員特別任用教諭

　1960年和歌山県橋本市生まれ。大阪府内の小学校指導教諭を経て現職。小学校学習指導要領解説外国語活動編作成協力者。平成8年，河内長野市立天野小学校が文部省研究開発学校の指定を受けた当時から英語担当を務める。英語の発音が悪いのには定評があり，落ち込んでいる。かつて，「欽ちゃんの仮装大賞」に子どもたちと出ていたこと（準優勝の経験もある）を未だに忘れられず，いつかこの「わいガヤ」のメンバーで仮装大賞本選出場を果たすのが新たな夢となっている。著書に，『小学校英語子どもと創る夢カリキュラム』（文溪堂）等多数。

兼重　昇（かねしげ　のぼる）
鳴門教育大学大学院学校教育学研究科准教授

　1971年山口県山口市生まれ。研究分野は英語教育。小学校学習指導要領解説外国語活動編作成協力者。現在は，大学の支援のもと，通称「お遍路研修」事業として，様々な地域や小学校を訪問し提案授業や教員研修をしながら自身の修行を続けている。既に八十八箇所を達成し現在2周目突入。座右の銘は，「良い意味で適当に」。猫が大好きで，自宅に2匹飼っている。著書に，『小学校新学習指

導要領の展開』(明治図書出版)等多数。

所属・職名は平成21年7月現在。

表紙デザイン	堀口順一朗
表紙イラスト	村井　香葉
本文イラスト	海老原ケイ
	幡谷　智子
	村井　香葉
組版	パシフィック・ウィステリア

小学校英語　わいわいガヤガヤ玉手箱

平成 21 年 7 月 21 日　初版発行

- 編著者● 菅　正隆
- 発行者● 開隆堂出版株式会社
  代表者　山岸忠雄
- 印刷所● 三松堂印刷株式会社
  〒101-0065　東京都千代田区西神田 3-2-1

- 発行所● 開隆堂出版株式会社
  〒113-8608　東京都文京区向丘 1-13-1
  電話　03-5684-6115（編集）
- 発売元● 開隆館出版販売株式会社
  〒113-8608　東京都文京区向丘 1-13-1
  電話　03-5684-6121（営業）03-5684-6118（販売）
  振替　00100-5-55345　URL http://www.kairyudo.co.jp

ISBN 978-4-304-01373-7 C3037
定価はカバーに表示してあります。